中学生人生教育丛书

U0813449

主题写作十二课

上海科学技术文献出版社
Shanghai Scientific and Technological Literature Press

图书在版编目(CIP)数据

主题写作十二课/王召强编著.—上海:上海科学技术文献出版社,2015.4 (2024.4 重印)

(中学生人生教育丛书)

ISBN 978-7-5439-6625-3

Ⅰ.①主…　Ⅱ.①王…　Ⅲ.①作文课—高中—教学参考资料　Ⅳ.①G634.343

中国版本图书馆 CIP 数据核字(2015)第 063210 号

选题策划:张　树
责任编辑:苏密娅
封面设计:周　婧

丛书名:中学生人生教育丛书
书　名:主题写作十二课

黄玉峰　主编　王召强　编著
出版发行:上海科学技术文献出版社
地　　址:上海市长乐路 746 号
邮政编码:200040
经　　销:全国新华书店
印　　刷:常熟市人民印刷有限公司
开　　本:720×1000　1/16
印　　张:16.25
字　　数:216 000
版　　次:2015 年 4 月第 1 版　2024 年 4 月第 8 次印刷
书　　号:ISBN 978-7-5439-6625-3
定　　价:30.00 元
http://www.sstlp.com

道理貫心肝
忠義填骨髓

序言

我与召强相识，有一个小故事。2011年上海市写作学会举办了一次上海市写作教学评比大赛，我们几个学会的负责人，一整天看了十多个区县送评的上课录像。王召强的课，有创造性，有冲击力，整个课堂气氛热烈，群情激奋。让我们眼前一亮。于是一致通过评为一等奖。召强的颁奖词是由我起草的。我记得那段颁奖词写得很长，足有三四百字，内容是肯定他在写作教学上的开创性尝试，肯定他有独立的精神、自由的思想。就这样我在这次颁奖会上第一次见到了他——一个有棱有角、虎头虎脑的青年教师。

召强当时是代表松江区高中语文教师来参加比赛的。得奖后，写作学会要求他作为获奖代表，在华东师范大学上了一堂示范课。为的是让更多的人了解这种大胆的尝试，推动写作教学的进步。这次示范课，在上海语文教育界掀起了千层浪。

事后听说，召强那堂课的录像从区里送出来之前，请专家预审过，当时就在区里引起很大的争议。

2012年开始，召强加入了我和荣华主持的上海市第三期名师基地，我们的接触渐渐多了起来。他确实是一个勤奋好学、敢说敢做的人，有时甚至会不顾别人的感受，像一头只顾向前闯的雄狮。

这以后，我便有意识地关注起他。听他上课，听他发言，与他闲聊，看他写的文章。他的课确实上得好，借用一句俗语，就是很有精气神，能把学生引入佳境。他读的书很多，常常旁若无人地侃侃而谈。他喜欢买书，常常一整套一整套地搬进基地办公室，抢占我与荣华的书橱。有时也买书送给我，不管我需要不需要。

说心里话，对他这样的个性，我是颇喜欢的，因为我年轻时也很冲——虽然没有他的才华。于是我极力向学校推荐，建议把他调进复旦附中。他还不是高级教师，也没有发表过什么文章，出过什么专著，更没有什么头衔，但学校居然同意了。

这大概是只有复旦附中会做的事。我在这里从教三十年，深知复旦附中的开放、大气，能容纳各种不同风格流派和不同个性的教师。长期以来，从姜拱绅校长开始，就有大学的气象。其实大学与中学并没有严格的界限，都是为了培养学术精神，为了求真、读书做人。

召强到附中后，我常常去听他的课。他思路清晰，根底深厚，无论是阅读还是写作，都上得极精彩。

不久，他在学校开设了主题写作课，报名的人非常踊跃，济济一堂。什么“个人与国家”，“容忍与自由”，“怀疑和信仰”，“平庸的邪恶”，“同性恋婚姻”，“公民不服从”，等等，每次都是纵横捭阖，游走在敏感题材的边缘。我是主张教育无禁区的，只是当今太多的人思想还很保守，所以有时也不免为他多虑。

记得有一次我在松江二中听他的课，上课的主题是探究贫穷的原因。一位学生当堂站起来，气势汹汹地质问他：“老师，你给我们讲这些，你想干什么？”召强理直气壮、针锋相对地回答：“我只是想进行主题教育！”

召强告诉我，他的批判性思维课程缘起于哈佛大学的公正课，是模仿迈

克尔 · 桑德尔教授的。一个高中的语文教师，敢去模仿哈佛大学的教授，是需要点底气的。何况，他并不是照搬，既要上出中国特色，还不能脱离语文课程的范畴，确实是难乎其难。还好几年上下来，他积累了不少经验，吸取了不少教训。现在竟编写出一部像模像样的公民写作教材来。

初读召强《主题写作十二课》的书稿，我有一种直觉，觉得很可能会有人会批评他不像语文课，倒像政治课。不过，我以为这没关系。一则这只是一个尝试，二则这不是他写作教学的全部，只是他建构写作教学大厦的一角，将来是会渐渐丰满起来的。

当然,他的这本《主题写作十二课》本身,也还有可以完善的地方。比如，关于对公民的解读。公民与臣民、顺民虽然是对立的，但也不要把他们看作完全是水火不相容的东西，认为两者完全没有共同之处。其实，有些人不但不是公民，也不是臣民、顺民，而是暴民。好的公民与臣民、顺民，至少都是自律的。

我们提倡公民意识乃至公民写作，并不意味着一味鼓吹与权威的对立，并不意味着处处以“反对派”自居以抬高身价或博取关注，而是力求培养独立的思维品质，力求坚守自我价值的勇气和担当，而不是人云亦云，说一些粉饰太平的昏话。

传统经典中的经典《大学》,在谈到个人修养时强调：自天子以至于庶人，壹是皆以修身为本。在一个失范的社会里,作为一个批判者,更需要重视修身。虽然说私人生活和公共话题应该作理性区分，但一个提倡批判精神的人，更需要自我约束，自我反省，更需要有对他人的理解和宽容精神，这样，你的批判才有说服力。否则，就会充满戾气，长于毁坏而无建树。当年有一位学者曾批评鲁迅说，你批判可以，骂人也行，但是必须怀着一颗善意的心。这话是很有道理的。《中庸》里有一段话，实在值得批判者视为座右铭：“子曰：射有似乎君子，失诸正鹄，而反求诸其身。”

我们现在身处一个开放的公共场域，互联网等新兴媒介为此提供了大量的支持，每个人都不仅仅是在某一方面接受他人的审视乃至批判，而是全方位地处于被批判的可能性之中——批判者也同样应该接受批判，哪怕八零后九零后也是如此。

说这些话，似乎与公民教育的讨论，不在一个层面上，但我以为缺掉这一块,就容易走偏。甚至容易重蹈大革命大批判的陷阱。所以,有必要说一说。

不过。我相信，召强的“公民课”不是这样，它一定会渐渐成熟起来，完善起来。

对于《主题写作十二课》的出版,我是由衷地敬佩和高兴。没有一点胆识，没有一点“独立之精神，自由之思想”，没有对古今中外典籍的大量阅读，没有对西方教育成果的参照，是不敢做也做不出来的。

直觉告诉我，这件事，将载入中国当代基础教育的史册。

我热切地冀盼新一代同仁能较为顺利地成长。希望他们在当今相对宽松的外部环境中，努力读书，思考，反省，实践，为改变当今教育的落后现状而做点什么——就像王召强那样。

黄玉峰

2015 年 3 月 7 日于海上慕苏堂

目录
CONETNTS

一个非典型语文教师的公民教育梦

◎复旦附中　王召强

五年前，一个很偶然的机缘，我在网上观看了哈佛大学教授迈克尔·桑德尔开设的公开课《公正》，深为叹服。桑德尔上课的地点设在哈佛大学最大的讲堂——桑德斯剧院，每周一节，每节都有一千多名学生来听课，连楼上的座位都挤满了人。

桑德尔的《公正》，涉及自由、民主、权利、义务、公正、平等、幸福等重大政治哲学论题，讨论的热点有堕胎、代孕、种族歧视、同性婚姻等等。课堂上既有唇枪舌剑的火药味，又不乏风趣与幽默，引人入胜，令人回味。于是我就萌发了把《公正》引入中学课堂的想法。

当时最大的困惑在于，桑德尔上的是大学通识政治哲学课，而我带的是高三语文课，如何才能找到两者的契合点，让我可以在语文课上名正言顺地上《公正》课呢？我把目光转向了令语文老师颇为头疼的作文课和口语交际课。何不仿效桑德尔，以社会热点为话题，引导学生在课堂上讨论，在讨论中生成批判性思维的核心知识，培养学生的公民素养呢？这不正是一举多得的创举吗？

接下来就是抓住教育契机，精心选择议题的时候了。

当时在我的班上刚好有两个文艺男同学，整天出双入对，引起班级女生的侧目而视，以至强烈不满。她们私下里向我反映：我们文科班的男生本来就少，再去掉一对帅哥，简直就太“浪费资源”了。我马上就意识到，这是一个关于同性恋教育的绝佳机会。

我先推荐学生利用课余时间观看了李安导演的经典同性恋影片《断背山》，然后让学生就李银河《关于同性恋婚姻合法化的提案》展开讨论。在讨论之前我先在班级中做了一个小调查，结果令我大为震惊。全班 45 位同学，只有 5 人反对同性恋婚姻合法化。我完全没有想到现在的学生思想会如此开放。

虽然只有 5 位同学对议题持反对意见，但是这次讨论却空前激烈。辩难双方各不相让，就同性婚姻这一敏感议题展开激烈交锋。整整讨论了两节语文课以后，还意犹未尽，直接“霸占”了接下来的班会课继续讨论。班会课结束以后，学生本来可以放学回家了，但是还“赖”着不走，要求继续讨论，又延长了半个小时方才罢休。

这是我执教以来，学生第一次主动要求加时上课。初次尝试，就让我尝到了“公正课”的甜头。虽然辩难双方最终谁也无法说服对方，但是从此以后，再也没有学生对班级里的两位文艺男同学指指点点。通过这次讨论，至少让学生认识到：不应该歧视同性恋；同性不但可以恋爱，在有些国家，甚至可以结婚；民主不是多数人对少数人的暴政，真正的民主应该对社会上的弱势群体加以人权上的尊重和保护。

从此以后，我就走上了一条校本课程开发的“不归路”。在参考桑德尔的《公正》课和内尔·诺丁斯的《批判性思维课程：学校应该教授哪些知识》的基础上，我迅速总结经验，深入了解学生学情，广泛阅读教育专著，密切关心时事，逐步摸索打磨出十二个“有中国特色”的批判性思维课程，比较成熟的议题分列如下：教育要公正、死刑存与废、同性恋婚姻、个人与国家、容忍与自由、为什么贫穷、平庸的邪恶、电影分级制、怀疑与信仰、计生罪与罚、为民主辩护、公民不服从。

这些议题乍看属于“宏大叙事”，但是一经结合热点时事，只要选准角度，提出一个比较具有争议性的核心问题，都会变得非常真实有趣，将学生带入桑德尔所说的“道德困境”，而面对这些道德困境，正确的态度不是回避，而是“理性地省察”。“理性地省察”的过程，就是批判性思维养成的过程。我们的目的，绝对不是灌输什么绝对真理，而是“唤醒理性的不安”，看看理性能把我们引向何方。

我把这门课程命名为“批判性写作课程”，把课程的总目标定位为塑造具有“独立之精神，自由之思想”的独立人格。这句话出自陈寅恪先生写给王国维先生的碑铭，工作伊始，我就把这句话作为班训，专门请书法家题词，张贴在班级里。当时还有人说我是“资产阶级自由化”，这要是放在20世纪80年代，我就会被当作“精神污染”给清除了。后来我搬出温家宝总理2011年10月25日在南开中学看望师生时的讲话，他也引用了这句话，再也没有人对我指指点点了。

所谓的批判性思维，其实源于杜威的“反省性思维”，哈贝马斯则称之为“解放性学习”，美国批判教育学家亨利 · 吉鲁认为，批判性思维的核心问题是“这个社会在我身上已经塑造出来的而我不再愿意按照这种状态生存下去的（东西）到底是什么”，并严峻地指出，“我们首先应该关注的是这样的教育问题，即教学生批判地思考，教学生学习如何肯定他们自己的经验，并且教他们理解无论是个人还是集体都必须为了一个更公正的社会而奋斗”。

基于批判性思维的写作教学，即引导学生善于从身边发生的社会现象出发发现问题，运用逻辑思维分析问题，并结合社会实践解决问题。它更侧重于写作的过程化指导，而非写作的结果；它更侧重于写作者的思维技能训练，而非语法修辞训练；它更侧重于写作者思维质量的提升和健全人格的养成，而非仅仅停留在写作能力的提高。

美国教育家马莎·努斯鲍姆在《告别功利——人文教育忧思录》一书中针对要在学校培养现代公民的具体举措问题，即认为学校要“大力培养批判性思维，大力培养发出异议之声所需的技能和勇气”。因为她认为：“教育并不只是被动地吸收事实和文化传统，它还向思维挑战，使思维具备积极的、胜任的、彻底的批判力，去面对复杂的世界。”

在开发批判性写作课程的过程中，我曾经三次选用“民主”为话题，让学生针对“中国现代化进程中是否适宜开展以西方民主政治模式为典范的政治改革”这一颇具争议性的问题展开激烈的讨论，进而想让学生从正反双方的讨论中归纳总结出论证过程中常见的谬误和值得注意的问题。

但是前两次讨论的结果都很不理想。第一次讨论由于准备仓促，师生双方在该话题的背景知识上准备都有所不足，一旦碰到诸如美国两党制、英国君主立宪制、法国总统制等政治学上的专业知识，就谬误百出，争论双方往往抓住对方常识上的错误进行攻击，根本无暇顾及对方逻辑上的漏洞，最后，好好的一堂讨论课简直变成了一堂普及西方民主政治制度的“大杂烩”。

第二次讨论，笔者提前一个月就通知学生着手准备，以四人为一合作性学习小组，分头查找相关资料，并先在组内预先交流讨论，解决掉常识上可能出现的种种谬误，再在全班中开展辩论。笔者自以为学生准备充分，讨论必能顺风顺水，结论自当水落石出。没想到学生讨论一旦开闸，便如滔滔江水，一发而不可收，双方先后就“国情论”、“国民素质论”、“人口论”等角度展开激烈的交锋，话题越扯越多，主题愈离愈远，等到双方偃旗息鼓，鸣金收兵，谁也记不得今天讨论了什么，更遑论从中归纳总结出论证中应该注意的问题。

笔者心有不甘，遂埋首典籍，深自检讨两次教学设计之不足，逐渐发现美国人对于民主教育这样的宏大主题，往往采取化整为零，循序渐进之措施，例如美国高中教材《民主的基础》一书，就把民主教育分割成权威、责任、隐私、正义等四个专题，绝对不会像我这样贸然让学生讨论国家层面的政治改革这种大而无当的主题，而是根据学生的认知规律，结合学生的兴趣和社会热点，让学生开展研究性学习活动，例如美国教育家内尔·诺丁斯在《批判性课程：学校应该教授哪些知识》一书中就精选了以下十个主题作为教学内容：学习与自我理解、战争心理学、房与家、他人、为人父母、动物与自然、广告与宣传、谋生、性别、宗教。

该书译者李树培在序文中指出："诺丁斯书中的各个主题都在触发我们去扪心自问：我们是否敢于和能够邀请学生负责任地思考和应对争议性问题？这些重要的日常主题为何经常被我们看作是理所当然的事实和常识，而不会去追问和探查其背后的可能复杂图景？自我理解和批判性思维在我们的内心追求和教育实践中有无一席之地？"鄙人近年不揣鄙陋孜孜以求地研究批判性思维在语文教育实践中的应用，所向往的教学境界全在乎此。

后来，我逐渐认识到，对于民主教育这个话题，我过于沉溺其中而不能自拔，我急于把"德先生"灌输到学生的头脑中，而没有认识到，这种强力灌输的过程，本身就不符合"德先生"的风范，犯了教育领域中急功近利的"极左"错误。虽然我在学生讨论的过程中，极力倡导"独立之精神，自由之思想""思想无禁区"等民主理念，但是学生在我的课上仅仅获得了形式上的言论自由，学生的确可以毫无忌惮地发表自己的见解了，但是我却不能够借助这个话题引导学生走向思维的深处。可以说我解放了学生的嘴巴，却束缚了学生的思维。

有鉴于此，笔者开始留心学生比较关心的热门话题。当时笔者执教的是高三年级，在我的班级中有两个学生户籍属于外地，虽然他们从小就在上海长大，通过借读上海中小学校，一路读到了高中，但是却因户籍限制无法参加高考。班级学生对这两位同学的遭遇都颇为同情，深感教育之不公，私下里经常讨论高考招生政策，而社会上也在热议异地高考、教育公平的话题。我顿觉这是一个很好的教育契机，教育公平的话题隶属于政治学上分配正义的范畴，正符合我孜孜以求的“民主的基础”的教育目标。

在备课的过程中，我发现旅美学者薛涌发表了一篇题为《大学要按城乡人口比例招生》的博文，主张大学招生应重视城乡比例，以示教育公平。我把这篇文章印发学生讨论，以教育公平为话题，以是否赞同薛涌的观点为问题，分头查找资料，搜集论据，归纳论点，再在课堂上展开针锋相对的辩难。

可以说，这次关于教育公平的大讨论是空前成功的，至少是三次讨论以来最成功的一次。经过这次讨论，学生们既认识到薛涌教授观点上的偏颇之处，在具体操作层面可能引发的一系列新的社会问题，也认识到当前高考招生政策确属不公，而身为上海户籍的学生恰恰属于“既得利益者”。如果要对此进行大刀阔斧的改革，首当其冲的阻力就来自于各位上海户籍的学生和家长。难能可贵的是，很多学生在讨论中不顾个人利害，支持教育改革向着更公平的方向迈进。

在对学生的讨论做了简短的小结之后，我让学生回顾当天的讨论过程，从中总结提炼出在对像教育公平这样的公共话题的讨论过程中应该注意的问题，很多学生都认识到在公共讨论中保持客观立场的重要性，这正符合批判性思维训练中超越个人情感，重视理性思辨的教学目标。

虽然第三次讨论和前两次的话题截然不同，乍看上去完全没有“民主教育”的痕迹，但我想说的是，这恰恰是民主教育的最佳体现。美国教育家杜威说，民主不仅仅是一种政治制度，也是一种生活方式。身为“转化型知识分子”（Transformative Intellectuals）的教师，我们无力推动只有“威权政治家”才能推动的政治制度改革，我们却可以从转变自身的教学方式做起，转变学生的学习方式，师生共同努力转变学校的生活方式。

这节课2011年在上海市写作协会举办的中小学作文教学评比中荣获了一等奖。作为获奖教师代表，我受邀在华东师范大学举办的上海市写作协会年会上执教了一堂作文教学示范课。这节课上得非常成功。学生的精彩发言至少获得了三次听课老师的热烈鼓掌。甫一下课，华东师范大学的周宏老师就对我竖起了大拇指。这还是我第一次获得这种形式的表扬和鼓励。

2014年11初，在黄玉峰和程红兵两位特级教师的带领下，我们来自上海市各区县的将近40名语文老师远赴台湾地区，开展了一趟名为“礼失求诸野”的教育考察之旅，参加了北一女中举办的两岸三地研讨会，我是作为演讲嘉宾受邀参加的。

2014年的春天，北一女中师生在骆静如老师的带领下，莅临我校参访。校方原本安排他们观摩黄玉峰老师的课，但是黄老师刚好外出有事，学校就安排他们前来指教我的语文课了。

我那天上的刚好是基于批判性思维的写作课，这是我第一次给这届学生上批判性思维课，学生还不是很熟悉这种课型。考虑到学生们有可能表现得不尽如人意，我选取了一个最为得心应手的议题——个人与国家。这节课上得并不算很成功。主要原因是学生对这个课型还不是很熟悉，不知道老师接下来要让他们做些什么。不过北一女中的老师在听完这节课后异常兴奋，尤其是徐秋玲老师跟我进行了深入的探讨。因为她在台湾地区也在开展类似的教学活动，美其名曰“思辨课”。她所遴选的议题，跟我的批判性思维课程有很多共同之处，比如同性恋婚姻和死刑存废议题。

在交流过程中，我提及黄玉峰老师有意携名师基地同仁赴台参访，骆静如老师盛情邀请我们全体成员参加两岸三地语文教学研讨会，并嘱咐我跟与会的老师做一个关于批判性思维课程的交流。于是，我教育生涯中的第一次公开演讲，就这样献给了北一女中。

在两岸三地语文教学研讨会上的演讲结束之后，台湾地区的老师私下里问了我很多关于公民教育的问题。其中,有一个问题是这样的:“王老师，您是出于怎样的个人机缘，开始关注公民教育的？”换句话说，我搞公民教育，有哪些个人因素。

说来话长。

先从我个人成长经历中遭受的一次“不公正”待遇说起。1992年的夏天，懵懵懂懂的我，参加了一场毫无概念的考试——小学升初中选拔考，从此决定了我一生的道路。

考试结果出来了，毫无悬念，我又是全班第一名，全村只有一个班，也就是全村第一名。从小学一年级开始，每次期末考试，我就是第一名。分数自然达到了镇中心中学的录取分数，而且是全村唯一达线的一个。

整个暑假，我都沉浸在无忧无虑的欢快生活中，直到收到录取通知书的那一天。令人百思不得其解的是，我落榜了，而分数没有达线的三位同学却考进了镇中心中学，其中有一个同学的分数被我甩了七十多分，我则被邻村的一所乡村中学录取。

收到通知书的那一天，我流泪了，不多，但是很伤心。

我搞不清楚，到底发生了什么事。为什么上天对我如此不公？我跑去问我的母亲，她也说不清楚。

后来邻居提醒我母亲：“是不是因为你们家没有去送礼？”

“送什么礼？送给谁？”我母亲怯生生地问。

“送给在镇中心中学上班的王某某啊，他是教导主任，听说其他三个学生的家长都送礼了。”邻居出于好意提醒说。

“也用不着送太多，两条烟，一箱酒就行了。”邻居补充说明道。

两条烟、一箱酒，就这样抵消了我小学五年的勤奋努力。

当天晚上继父下班以后，带我一起“拜访”了教导主任，看看还有没有转圜的余地。临行前母亲征询我的意见：“要不要带点礼品？”

“不要。我的分数又不是没到。”我倔强地说。

这注定是一场异常尴尬的会面。

教导主任一家人显得异常冷漠。对我们这对如此不识相的父子无言以对。继父反复替我申诉：“可是他的分数明明达线了啊，而且还比人家高那么多。”我则在一旁默默流泪，以示抗议。

教导主任支吾了半天，没有给出任何解释。

在回家的路上，我暗暗下定决心，将来一定要考上大学，做一名好老师。至于“好老师”的标准，我到现在都没有想清楚，不过有一点倒是肯定的，那就是公正。

很多年以后，我大学毕业，选择了留在上海工作。总有人问我，为什么不回山东，替家乡做贡献。我是这样回答他们的：“回老家，没有关系，不送礼，连工作都找不到，还怎么做贡献？”

套用一句托马斯 · 曼的名言，那就是，哪里有公正，哪里就是我的家乡。他的原话是，哪里有自由，哪里就是我的祖国。讲得比我狠多了。

这么曲折复杂的故事，我当然没有讲给台湾地区的老师听。我只是告诉她，我出生在大陆最穷苦的乡村，在农村整整生活了18年，切身地体会到城乡之间的巨大差异。在我上大学之前，连肯德基、麦当劳都没有听说过，在我来上海之前，只在高中地理课本上看到过一张南京东路的照片。对上海所有的想象，还停留在许文强的“上海滩”时代。

临行之前，我的母亲反复叮嘱我：“千万不要到长江里游泳！”到了上海以后，我真的要说一句：“我的娘呀，您真的想多了。华师大倒是有一条丽娃河的，只是从没见过有人在里面裸泳，何况您的儿子连一条泳裤都舍不得买。”

后来我在上海看到的一切，都不仅让我思考，是什么原因造就了这么严重的社会撕裂。以教育为例，为什么上海的学生如此轻而易举地就考进了大学，而我的山东同胞们，连读完小学、初中的几率都很低。在我的小学同学中，五年级毕业的时候，还剩下 22 人，9 人小学未毕业即辍学；在我的初中同学中，初三毕业的时候，原来两个班级的 120 人，一共还剩下 22 人，后来干脆合并成一个班级。考上重点高中的，只有我一个；通过复读最终考上高中的，也就 3 个人；最终考上大学的，当然就只剩下我这个孤家寡人了。在华师大偌大的校园里，我曾经苦苦寻觅着我的老乡，在我们这一届的同学中，我只找到了 3 个人。

种种“不公平”“不公正”的社会现象，急剧超越了我个人遭遇的“童年创伤”，我不仅要进一步反思：发生在我这一代人身上的悲剧，到底是怎样产生的？郭于华在《倾听底层》一书中指出：“个人的苦难往往是社会世界深层的结构性矛盾的产物。”正是出于探究社会世界深层的结构性矛盾的动机，我才开始了我的批判性思考之旅。

从台湾地区访学归来之后，我越发认识到通过开设批判性思维课程推动公民教育的重要性，2015 年 2 月开始，我想把这门课程作为选修课先在我们学校开设起来，慢慢地推广出去。开设选修课当然少不了编写校本教材，我利用工作之余和寒假期间把我之前的讲义认真修订了一番，变成了这本《唤醒理性的不安——主题写作十二课》，承蒙上海科学技术文献出版社不弃，愿意出版此书，敬谢不敏！在编写的过程中，得到黄玉峰老师悉心的指导和语文教学界同仁的热忱鼓励，在此一并致谢！

王召强

乙未年正月初一草识于松江孤寒堂

附表1　主题写作十二课议题列表

经典议题	学理专著	主题文章	视频资料
死刑存与废	张娟芬:《杀戮的艰难》 戴维·道:《死刑台前的告别》	贺卫方:《拷问死刑》 熊培云:《比死刑更可怕的是不宽容》	艾伦·帕克:《铁案疑云》 弗兰克·德拉邦特:《绿里奇迹》
同性恋婚姻	李银河:《我的社会观察》 王森波:《同性婚姻法律问题研究》	李银河:《关于同性恋婚姻合法化的提案》 白先勇:《树犹如此》	李安:《断背山》 王家卫:《春光乍泄》
电影分级制	郑涵:《国际电影审查与分级制度》 曹怡平:《从剪刀手到守夜人:美国电影审查衰变史》	谢飞:《呼吁以电影分级制代替电影审查的公开信》 王兴东:《建立电影分级制度深化电影体制改革》	陈凯歌:《霸王别姬》 张艺谋:《活着》
平庸的邪恶	汉纳·阿伦特:《极权主义的起源》 张纯如:《南京大屠杀》	林贤治:《一个女人和一个时代》 梁文道:《日本:搞清楚你反对的对象》	玛格雷特·冯·特洛塔:《汉娜·阿伦特》 马克·赫门:《穿条纹睡衣的男孩》
个人与国家	杨照:《故事照亮未来》 熊培云:《重新发现社会》	熊培云:《爱国如何主义》 杨照:《爱国:一定要问国家为你做了什么》	丹尼斯·甘塞尔:《浪潮》 奥利弗·斯通:《生于七月四日》
自由与容忍	约翰·密尔:《论自由》 房龙:《宽容》	胡适:《容忍比自由更重要》 唐小兵:《自由比容忍更重要》	弗兰克·达拉邦特:《肖申克的救赎》 梅尔·吉布森:《勇敢的心》
计生罪与罚	莫言:《蛙》 马寅初:《新人口论》	陈斌:《不要太高估生二胎政策》 徐瑾:《计划生育罪与罚》	纪录片:《计划生育在中国》 纪录片:《计划生育伤害史》

（续表）

经典议题	学理专著	主题文章	视频资料
为什么贫穷	阿比吉特·班纳吉、埃斯特·迪弗洛:《贫穷的本质》 阿玛蒂亚·森:《贫困与饥荒》	邓伟杰:《我们的国家为什么贫穷落后？》 阿兰猫:《给贫穷落后的中国点穴》	纪录片:《为什么贫穷》 冯小刚:《一九四二》
怀疑与信仰	徐贲:《怀疑的时代需要怎样的信仰》 富恩特斯:《我相信》	赵启正:《珍惜我们的信仰》 卢新宁:《在怀疑的时代更需要信仰》	纪录片:《我的中国心·张志新》 纪录片:《约翰·列侬的理想世界》
教育要公正	杨东平:《中国教育公平的理想与现实》 鲍传友:《教育公平与政府责任》	薛涌:《大学应按城乡人口比例招生》 徐贲:《美国的教育平权运动》	张艺谋:《一个都不能少》 莎米拉·玛克玛尔巴夫:《黑板》
公民不服从	梭罗:《论公民的不服从》 何怀宏:《西方公民不服从的传统》	龙应台:《难局》 甘地:《甘地语录》	理查德·阿滕伯勒:《甘地传》 史派克·李:《马尔克姆·X》
为民主辩护	蔡定剑:《民主是一种现代生活》 胡适:《人权论集》	蔡定剑:《为民主辩护》 韩寒:《说民主》	侯孝贤:《悲情城市》 尼基塔·米哈尔科夫:《十二怒汉》

附表2　主题写作十二课教学目标一览表

经典议题	写作训练目标	思维训练目标	公民教育目标
死刑存与废	撰写驳论文	归纳论证	看得见的正义——程序正义、矫正正义
同性恋婚姻	撰写调查问卷	归纳论证	政治正确：不歧视女性、不歧视少数族裔、不歧视同性恋、不歧视弱势群体
电影分级制	撰写公开信	因果论证	言论自由及其界限
平庸的邪恶	撰写影视评论	因果论证	人性的本质
个人与国家	撰写时事评论	概念混淆的谬误	公民权利与公民责任
自由与容忍	撰写驳论文	概念范畴的界定	自由的价值、宽恕的条件
计生罪与罚	撰写社会评论	数据的使用	工具理性与价值理性
为什么贫穷	撰写口述历史	因果论证	公民权利、社会保障
怀疑与信仰	撰写文化评论	偷换概念的谬误	信仰自由
教育要公正	撰写模拟提案	概念辨析	公平与公正、分配正义
公民不服从	撰写人物评论	演绎论证	非暴力的内涵、方法与原则
为民主辩护	撰写人物访谈	演绎论证	民主的内涵、实现民主的条件

第一课　个人与国家

目标导引

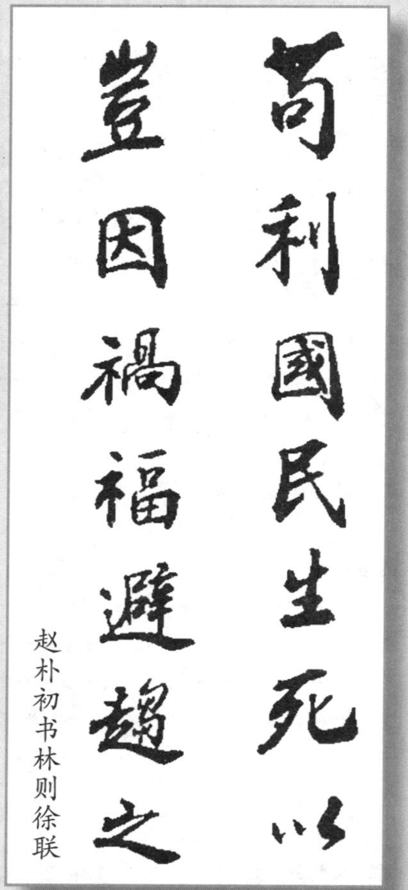

在上图赵朴初先生的书法作品中，误将“国家”写成“国民”二字，试思二者之间有何区别？并进一步追问，什么是国家？国家和政权、政党、民族、社会之间有什么区别？什么是国民？国民和公民、人民、臣民、选民、纳税人之间有什么区别？应当如何处理公民和国家之间的关系？爱国的首要内涵是什么？爱国能不能成为一种主义？

思辨现场

1. 是否要问:“国家为你做了什么?”

——杨照《故事照亮未来》

1961年1月20日,约翰·肯尼迪宣誓就任美国总统,发表了他的就职演说。肯尼迪的演说,是历史上美国总统就职演说中第四短的,一共只有五十二个句子,不到一千四百字。不过没多久,这篇演说就凌驾于许多篇幅比较长的前辈,跃升为最有名的美国总统就职演说。

尤其是演说词里的一句话,不只在美国人人朗朗上口,其影响力还从美国蔓延出来,全世界大部分人通过各种不同翻译版本,读过或听过这句话。

“别问国家能为你做什么,问问你自己能为国家做什么。”就是这句话,象征了美国爱国主义的最高潮,记录了有那么一段时间,短暂的肯尼迪执政时期,美国人心甘情愿团结在国家旗帜下,为自己能身为美国一分子、对美国作出贡献,感到高兴且自豪。

杨照(1963年—),本名李明骏。台湾大学历史系毕业、美国哈佛大学东亚史硕士,曾为哈佛大学史学博士候选人。研究专长为中国古代思想史、社会人类学。台湾地区有名的作家、文学评论家和政论家。著有《故事照亮未来——通往开放社会的100个观念》《理性的人》等。

这句话为什么会有那么大的影响力,有其特殊的历史背景条件。仔细看一下肯尼迪演说词当中其他五十一个句子,他在里面用了三次“自由”、十一次“新”、四次“时代”、三次“革命”和一共十四次各种不同形式提到的“世界”。整篇讲稿只有一千四百字,也就是平均每一百个字中,就要讲一次“世界”。

这样一句话,在美国以外的地方,也很受欢迎。连最强调民主自由的美国，都强调国家团结、国家认同的重要性，哪一个国家的领袖不逮住机会拿来对自己的国民大加宣传，加强大家为国家服务的热情，同时降低对国家，尤其是对政府的抱怨呢？

我们当然要问“国家为你做了什么”，因为惟有弄明白这个问题的答案，我们才有办法下定决心，相应于国家为我所做、所提供的服务，我能为国家做什么，我又愿意为国家做什么。

对于约翰 · 肯尼迪和杨照的观点，你更倾向于哪一种？请分条陈述你的理由。

	别问国家为你做了什么	要问国家为你做了什么
理由 1		
理由 2		
理由 3		

2. 爱国必须要讲逻辑吗？

——熊培云《重新发现社会》

爱国必须讲逻辑。归根到底，国家只是全体国民缔约产生的一个组织，是国民用以谋求幸福生活的工具。在此意义上，爱国主义者真正要做的不是忙于督促每个人去爱国家，而是要让国家能够爱每一个人。不认清这一点，不对潜藏于爱国主义和国家之中的某种进攻性设限，事情便有可能走向善良愿望的反面。

熊培云（1973年— ），祖籍江西。毕业于南开大学、巴黎大学。主修历史学、法学与传播学。“思想国”网站创始人。著有《思想国》《重新发现社会》《自由在高处》《一个村庄里的中国》等。

关于国家与社会的关系，早在20世纪初，西班牙学者奥尔特加·加塞特便在《大众的反叛》一书里条分缕析，发出警告：“欧洲文明构成最严重威胁的一件事物，同其他的所有威胁一样，它也是文明自身的产物，甚至可以说，还是欧洲文明的一大荣耀，它就是尽人皆知的现代国家。”此时，加塞特已经意识到国家变成了一台可以操控一切的庞大机器。“一旦国家在社会中拔地而起，只消轻轻一摁按钮，它就可以启动无数操作杠杆，并以它们势不可挡的力量作用于社会结构中的任何一个部位。”

让加塞特不安的是，国家作为人之造物，它是由某些特殊的人所发明的，并需要某些美德和基本品性来加以维持，虽然人类过去曾经拥有这些美德和品性，但明天很可能就会消失殆尽。威胁文明的更大危险是：国家干预、国家对一切自发社会力量的越俎代庖，因为这等于取消了历史的自发性，而从长远来看，维持、滋养并推动人类命运的正是这种自发性。当这种自发性被国家的干预打断，就不会有新的种子开花结果。社会不得不为国家而存在，个人将不得不为政府机器而存在。就这样，国家为了满足自己的需要，又对人类生活推行进一步的官僚化，上紧官僚机器的螺丝钉无异于把社会改造成一个军营。在加塞特看来，“国家至上主义”悖谬的悲剧性就在于：为了使整个社会生活得更好，人们建立了作为一种手段的国家，但是，国家随即盘踞于社会之上，反而使社会不得不开始为国家而存在。同样糟糕的是，谋求同质化的国家必将压垮那些保持特立独行的个人或小群体。

大众要求同质化和极权政治一样，都会压垮每一个反对派。在《大众的反叛》中，加塞特这样谈到“大众人”(A Mass-Man)：他从不根据任何特殊的标准(这一标准的好坏姑且不论)来评价自己,他只是强调自己“与其他每一个人完全相似”。除了这种可笑的声明之外,他感觉不到任何烦恼，反倒为自己与他人的相似而感到沾沾自喜，心安理得。一个真正谦逊的人则会试图评估自己的特殊价值，努力发现自己可能拥有的这种或者那种才能，或者任何一方面的特长，尽管他可能最终发现自己并没有什么非凡的禀赋，资质平平，但他永远也不会认为自己是一个大众人。

就像平常的讨论中我们经常见到的“愤青”与“精英”之争。加塞特将人分为两种，一种对自己提出严格的要求，并赋予自己重大的责任与使命；另一种则放任自流，尤其是对自己。前一种人，即所谓“精英”。“精英”与“大众人”的区别，不在于禀赋，而在于对人生和周遭事物的态度。或者说，这个世界只有两种人，一种是独立思考者，另一种是想当然的附和者。按照这种区分，每一个能够独立思考的人都是精英。

加塞特的洞见预言了发生在二十世纪的第二次世界大战，它同样是今天欧洲国家让渡主权，建设欧盟的一个重要精神来源。正是因为这一洞见，该书出版不久后,《大西洋月刊》称加塞特的《大众的反叛》之于二十世纪，有如卢梭的《社会契约论》之于十八世纪，马克思的《资本论》之于十九世纪。

上文节选自熊培云《爱国如何主义》一文，你是否赞同熊培云“爱国必须要讲逻辑”的观点，请分条陈述你的理由。

	爱国必须要讲逻辑	爱国不需要讲逻辑
理由 1		
理由 2		
理由 3		

概念辨析

1. 何谓国家

——王海明《国家学原理》

国家是拥有最高权力及其管理组织或政府的社会，是最大且最高的社会。因此，一方面，从人的社会本性来看，国家必然起源于每个人对于社会最大化的需要（每个人需要的满足程度与社会的大小规模成正比）和使各种社会成为一个统一整体的需要（最高权力或国家是各种社会成为一个统一体的最根本的必要条件）。这是国家的内在的、间接的和终极的起源，它只是说明国家乃人类固有需要，只是说明国家产生的必然性；而未能说明国家产生的实然性和应然性。另一方面，从国家实际的产生状况来看，任何权力无疑必然都产生、形成和起源于社会成员的普遍同意；最高权力属于权力范畴，因而必定产生、形成和起源于社会成员的普遍同意。任何两个以上的人就某种利益交换关系所达成的同意无疑都是契约。于是，最高权力或国家便必然直接产生、形成和起源于契约，起源于社会成员就最高权力所关涉的权利与义务等利益之交换所缔结的契约；但究竟起源于何种最高权力契约则是偶然的：惟有起源于民主缔结的民主的最高权力契约，才是善的、应该的和道德的；否则便是恶的、不应该和不道德的。这是国家的直接的外在的起源，它说明国家实际上是怎样产生的，说明国家产生的实然性和应然性。

国家是拥有最高权力及其管理组织或政府的社会，因而也就是拥有主权的社会，也就是最大且最高的社会，也就是独立自主的社会，因此，最高权力及其管理组织或政府乃是国家区别于其他社会的最根本特征。

但是，绝对不能将国家与最高权力或政权等同起来，而将国家界说为最高权力或政权。政治组织或政治实体和政府也并非国家，而是掌握与行使最高权力或政权的团体及其成员，是构成国家的一部分，也就是能够代表国家的那个部分，是国家的代表。

2. 何谓公民

——檀传宝《公民教育导论》

“公民”主要相对的应该是“私民”，“当然所谓‘私’，这里主要有两层意涵——一是‘私有’的‘私’，一是‘私人’的‘私’。前者意味着人身依附，‘私民’即‘为别人所有的人’，其主要的形式是‘臣民’；后者则是我们一直批评的信奉‘各人自扫门前雪，莫管他人瓦上霜’人生哲学的、传统农业社会小农意义上的‘农民’。”

3. 何谓爱国

——刘铁芳《公共生活与公民教育》

作为国家的一员，我们每个人都是国家的代表；每个人对正义的追求，即国家对正义的追求；每个人活在正义中，即国家活在正义中。所谓公民就是不仅爱国家，而且爱正义的人，也就是爱国家，并且促进国家正义的人。所谓臣民，究其实质而言，乃是那种只爱国家而不爱正义，或者爱国家而不能爱正义的人。而那些假借爱国之名而行非正义之事的人，不但成不了爱国的公民，反过来还会成为背离国家正义的暴民。

批判思维

1. 我和我的同胞们能通过政府做些什么？

——米尔顿 · 弗里德曼《资本主义与自由》

在肯尼迪总统就职演说中被引用得很多的一句话是“不要问你的国家能为你做些什么——而问你能为你的国家做些什么”。关于这句话的论争集中于它的起源而不是它的内容是我们时代精神的一个显著特征。在这句话的两个部分中没有一个能正确地表示合乎自由社会中的自由人的理想的公民和它政府之间的关系。家长主义的“你的国家能为你做些什么”意味着政府是保护者而公民是被保护者。这个观点和自由人对他自己的命运负责的信念不相一致。带有组织性的，“你能为你的国家做些什么”意味着政府是主人或神，而公民则为仆人或信徒。对自由人而言，国家是组成它的个人的集体，而不是超越在他们之上的东西，他对共同继承下来的事物感到自豪并且对共同的传统表示忠顺，但他把政府看作一个手段，一个工具，既不是一个赐惠和送礼的人，也不是盲目崇拜和为之服役的主人或神灵。除了公民们各自为之服务的意见一致的目标以外，他不承认国家的任何目标；除了公民们各自为之奋斗的意见一致的理想以外，他不承认国家的任何理想。

米尔顿·弗里德曼（Milton Friedman，1912年—2006年），美国经济学家，以研究宏观经济学、微观经济学、经济史、统计学及主张自由放任资本主义而闻名。1976年取得诺贝尔经济学奖，以表扬他在消费分析、货币供应理论及历史、稳定政策复杂性等范畴的贡献。著有《资本主义与自由》《美国货币史·1867年—1960年》等。

自由人既不会问他的国家能为他做些什么，也不会问他能为他的国家做些什么。他会问的是“我和我的同胞们能通过政府做些什么”，以便尽到我们个人的责任，以便达到我们各自的目标和理想，其中最重要的是：保护我们的自由。伴随这个问题他会提出另一个问题：我们怎么能使我们建立的政府不至成为一个会毁灭我们为之而建立的保护真正自由的无法控制的怪物呢？自由是一个稀有和脆弱的被培育出来的东西。我们的头脑告诉我们而历史又能加以证实：对自由最大的威胁是权力的集中。为了保护我们的自由，政府是必要的；通过政府这一工具我们可以行使我们的自由；然而，由于权力集中在当权者的手中，它也是自由的威胁。即使使用这权力的人们开始是出于良好的动机，即使他们没有被他们使用的权力所腐蚀，权力将吸引同时又形成不同类型的人。

我们怎么能从政府的有利之处取得好处而同时又能回避对自由的威胁呢？在我们宪法中体现的两大原则给予了迄今能保护我们自由的答案，虽然这些原则被宣称为根本的方针而在实际上它们屡次受到破坏。

首先，政府的职责范围必须具有限度。它的主要作用必须是保护我们的自由以免受到来自大门外的敌人以及来自我们同胞们的侵犯：保护法律和秩序，保证私人契约的履行，扶植竞争市场。在这些主要作用以外，政府有时可以让我们共同完成比我们各自单独地去做时具有较少困难和费用的事情。然而，任何这样使用政府的方式是充满着危险的。我们不应该，也不可能避免以这种方式来使用政府。但是在我们这样做以前，必须具备由此而造成的明确和巨大的有利之处作为条件。通过在经济和其他活动中主要地依靠自愿合作和私人企业，我们能够保证私有部门对政府部门的限制以及有效地保证言论、宗教和思想的自由。

第二个大原则是政府的权力必须分散。当政府行使权力时，在县的范围内行使比在州的范围内要好，在州的范围内要比在全国的范围内要好。假使我不喜欢我当地城镇所做的事情，哪怕是污水处理，或区域划分，或学校设施,那么,我能迁移去另一个城镇。虽然很少人会实际采取这一步骤，仅仅是这种可能性就能起着限制权力的作用。假使我不喜欢我居住的那个州所做的事情，那么，我能迁移去另一个州。假使我不喜欢华盛顿实施的事项,那么,在这个各国严格执行自主权的世界里,我没有多少选择的余地。

当然，成立联邦政府的不利之处对许多主张成立的人来说恰恰是权力集中具有很大的吸引力的地方。他们相信这会使他们更有效地——像他们所看到的那样——以公众的利益来进行立法，不管它是把收入从富人转移给穷人,还是从私人的用途转到政府的用途。在某种意义上,它们是正确的。但这个事物有正反两面，做有益的事的权力也是做有害的事的权力。今天控制权力的那些人不可能明天也如此，而更重要的是：一个人认为是有益的东西，另一个人可能认为是有害的。正像进行鼓动来一般扩大政府范围的悲剧一样，鼓动权力集中的最大悲剧是它主要是由那些首先会对其后果懊悔的有善良意愿的人所领导。

保存自由是限制和分散政府权力的保护性原因。但还有一个建设性的原因。不管是建筑还是绘画，科学还是文学，工业还是农业，文明的巨大进展从没有来自集权的政府。哥伦布并不是由于响应议会大多数的指令才出发去找寻通往中国的道路，虽然他的部分资金来自具有绝对权威的王朝。牛顿和莱布尼茨，爱因斯坦和博尔，莎士比亚、米尔顿和帕斯特纳克，惠特尼、麦考密克、爱迪生和福特，简 · 亚当斯、弗洛伦斯、南丁格尔和艾伯特 · 施韦特，这些在人类知识和理解方面，在文学方面，在技术可能性方面，或在减轻人类痛苦方面开拓新领域的人中，没有一个是出自响应政府的指令。他们的成就是个人天才的产物，是强烈坚持少数观点的产物，是允许多样化和差异的一种社会风气的产物。

政府永远做不到像个人行动那样的多样化和差异的行动。在任何时候，通过对房屋或营养或衣着的统一的标准，政府无疑地可以改进许多人的生活水平，而通过对学校教育、公路建筑式卫生设备设置统一的标准，中央政府能无疑地改进很多地区、甚至平均说来所有地区的工作水平。但是在上述过程中，政府会用停滞代替进步，它会以统一的平庸状态来代替使明天的后进超过今天的中游的那个试验所必需的多样性。

本文节选自《资本主义与自由》一书的绪论部分，这本书的主要论点为：竞争的资本主义——即通过在自由市场上发生作用的私有企业来执行我们的部分经济活动——是一个经济自由的制度，并且是政治自由的一个必要条件。

2. 国家制度价值推导公式

——王海明《国家学原理》

国家学是关于国家制度好坏的价值科学，意味着，国家学就其根本特征来说，是一种规范科学和价值科学，而不是描述科学或事实科学。这样，在科学领域里，国家学便属于价值科学而与描述科学相对立。那么，这是否意味着：国家学只研究国家制度之应该如何，而不研究其事实如何？是、事实、事实如何与应该、价值、应该如何究竟是什么关系？这就是所谓“休谟难题”或“休谟法则”，因为休谟首次提出了这个问题：能否从“是”推导出“应当”？这是关于国家制度好坏价值的来源、依据问题，是如何确定国家制度好坏价值的问题，是如何科学地确定国家学的研究对象的问题，是国家学等一切价值科学的核心问题。元伦理学对于这个问题的研究表明：规范或制度，亦即规范体系与价值根本不同。规范或制度都是人制定或约定的，价值却不是人制定或约定的。试想，玉米、鸡蛋、猪肉的营养价值怎么能是人制定或约定出来的呢？鸡蛋的营养价值不是人制定的，人只能制定应该如何吃鸡蛋的行为规范。人们所制定的应该如何吃鸡蛋的行为规范既可能与鸡蛋的价值相符，也可能不相符：与价值相符的规范就是优良的规范，不相符者就是恶劣的规范。一个人每天应该吃10个鸡蛋的行为规范，是恶劣的，因为这种行为规范与鸡蛋的营养价值显然不相符。反之，一个人每天应该吃一个鸡蛋的行为规范，是优良的，因为这种规范与鸡蛋的营养价值相符。那么，价值是怎么来的？

“价值、好坏、应该如何”与“是、事实、事实如何”都是客体的属性。只不过，“是、事实、事实如何”是客体不依赖主体需要而具有的属性，是客体无论与主体的需要发不发生关系都具有的属性，是客体的事实属性。反之，“价值、好坏、应该如何”则是客体依赖主体需要而具有的属性，是客体的“是、事实、事实如何”与主体的需要、欲望、目的发生关系时所产生的属性，是客体的“是、事实、事实如何”对主体的需要、欲望、目的的效用，是客体的关系属性：客体事实属性是价值、好坏、应该如何产生的源泉和实体，叫作价值实体；主体需要、欲望、目的则是它们从客体事实属性中产生的条件和标准，叫作价值标准。

因此，“价值、好坏、应该如何”产生于“是、事实、事实如何”，是从“是、事实、事实如何”推导出来的。只不过，仅仅“是、事实、事实如何”自身绝不能产生“价值、好坏、应该如何”；因而仅仅从“是、事实、事实如何”绝不能推导出“价值、好坏、应该如何”。只有当“是、事实、事实如何”与主体需要欲望目的发生关系时，从“是、事实、事实如何”才能产生和推导出“价值、好坏、应该如何”：“好、应该、正价值”等于“事实符合主体需要欲望目的之效用”，“坏、不应该、负价值”等于“事实不符合主体需要欲望目的之效用”。

例如，燕子是客体，人类是主体。于是，“燕子吃害虫”与“燕子是好鸟”都是客体燕子的属性。只不过，“燕子吃害虫”是燕子独自具有的属性，是无论是否与人的需要、欲望、目的发生关系都具有的属性，是燕子的事实属性。反之，“燕子是好鸟”则不是燕子独自具有的属性，而是“燕子吃害虫”的事实属性与人的需要、欲望、目的发生关系时所产生的属性，是燕子的关系属性：“燕子吃害虫”是“燕子是好鸟”的价值实体，主体需要、欲望、目的则是“燕子是好鸟”的价值标准。因此，“燕子是好鸟”便产生于“燕子吃害虫”事实，是从该事实推导出来的。但是，仅仅“燕子吃害虫”事实还不能产生和推导出“燕子是好鸟”；只有当“燕子吃害虫”事实与人类的需要、欲望、目的发生关系时，从“燕子吃害虫”事实才能产生和推导出“燕子是好鸟”：“燕子是好鸟”等于“燕子吃害虫”事实符合人的需要、欲望、目的之效用。因此，爱护燕子的规范与燕子的价值相符，是优良的好的规范；捕杀燕子的规范与燕子的价值不符，是坏的恶劣的规范。这就是燕子的价值与规范的推导方法，我们可以将它归结为一个公式：

前提 1：燕子吃害虫（价值实体）

前提 2：人类需要消除害虫（价值标准）

结论 1：燕子是好鸟（价值）

结论 2：爱护燕子的行为规范是优良的（与价值相符的规范）

这就是休谟难题之答案，这就是规范或制度与价值的产生和推导的过程，这就是价值好坏、应该如何的发现和证明方法。我们可以将它归结为一个公式而名之为“价值和规范推导公式”：

前提 1：客体事实如何（价值实体）

前提 2：主体需要欲望目的如何（价值标准）

结论 1：客体应该如何（价值）

结论 2：规范之好坏（规范是否与价值相符）

这是一切价值和规范的普遍的推导方法，如果将其推演于国家制度价值领域，显然可以得出结论说：

国家制度与国家价值根本不同。国家制度是人制定或约定的，国家应该如何的价值却不是人制定或约定的。但是，人们只能根据关于国家应该如何的价值来制定国家制度：好国家制度是与国家应该如何之价值相符的制度，坏国家制度是与国家应该如何之价值不符的制度。国家应该如何之价值，则是国家事实如何与国家目的发生关系时所产生的属性，是国家事实如何对国家目的之效用：国家事实如何是国家应该如何产生的源泉和存在的实体，国家目的则是国家应该如何从国家事实中产生的条件和标准。因此，国家之应该如何的好坏价值，是通过国家目的（价值标准）从国家事实如何（价值实体）中产生和推导出来的：“国家应该如何”等于“国家事实如何与国家目的之相符”，“国家不应该如何”等于“国家事实如何与国家目的之相违”。

这就是国家制度好坏的产生和推导过程，这就是国家制度好坏的发现和证明方法，这就是如何确定国家学研究对象的科学方法。我们可以将它归结为一个公式而名之为“国家制度价值推导公式”：

前提 1：国家事实如何（价值实体）

前提 2：国家目的如何（价值标准）

前提 3：国家应该如何（价值）

结论：国家制度之好坏（制度是否与价值相符）

试举一例以释之：

前提 1：苏联社会主义是一种生产力不发达的社会主义（国家事实如何 · 价值实体）。

前提 2：国家最终目的是增进每个人的利益（国家目的如何 · 价值标准）。

前提 3：生产力不发达的社会主义因违背国家目的而是不应该的（国家应该如何 · 价值）

结论：苏联社会主义制度（认为应该在生产力不发达条件下实行社会主义的规范体系）不符合生产力不发达的社会主义的价值（在生产力不发达条件下实行社会主义是不应该的），因而是坏制度（国家制度之好坏 · 制度是否与价值相符）。

可见，人们所创建的国家制度之好坏，直接说来，取决于是否符合国家应该如何之价值；归根结底，则一方面取决于是否符合国家目的，另一方面取决于是否符合国家事实如何之本性：符合国家目的和国家事实如何之本性，就是好国家制度；违背国家目的和国家事实如何之本性，就是坏国家制度。因此，归根结底，国家目的，亦即国家好坏的价值标准，也就是国家制度好坏的价值标准，可以称之为国家制度价值标准；国家事实如何，亦即国家好坏的价值实体，也就是国家制度好坏的价值实体，可以称之为国家制度价值实体。

诚然，国家事实如何外延极为广泛，难以确定。但是，国家事实作为国家制度好坏的价值实体，当然仅仅包括与国家制度有关的事实，并且因其作为国家学对象而仅仅是有关事实的普遍的客观本性：国家学等科学都是关于事物普遍客观本性的理性知识体系。这些国家事实如何的普遍客观本性，一方面，无疑可以归结为国家性质、国家起源、国家类型和社会——国家是拥有最高权力的社会因而属于社会范畴——发展规律；另一方面则显然应该包括国家所由以构成的人——任何社会都无非是两个以上的人因一定联系所结成的共同体——之本性，亦即人性：人性与社会发展规律无疑是决定国家制度好坏的最重要的价值实体。

例如，共产主义制度究竟应该按劳分配还是按需分配，便取决于共产主义社会人性究竟如何。试想，如果共产主义社会人们相互间仍然计较利益得失，那么，按需分配就必定会剥夺需要少而贡献大者按照公正原则应该多得的权利，因而是不公正的。这样一来，共产主义社会显然不应该实行按需分配制度：按需分配是一种不公正的坏的制度。反之，如果共产主义社会人们相互间不计较利益得失，那么，按需分配就无所谓公正不公正，而是超越公正的仁爱原则了。这样一来，共产主义社会就应该实行按需分配制度了：按需分配是一种高于公正的仁爱制度。因此，人性乃是决定一种社会制度究竟应该如何的极其重要的价值实体。

然而，一个国家究竟应该实行何种制度，并不仅仅取决于该国家的人性究竟如何，而且取决于社会发展规律究竟如何。试想，奴隶制无疑惨绝人寰，根本违背国家制度价值标准，是最坏的制度。但是，为什么恩格斯说奴隶制曾是巨大的进步，曾是一种好制度？原来，马克思关于“生产力决定生产关系、经济基础决定政治制度等上层建筑”的历史唯物论原理，是社会发展基本规律的发现，根据这一发现，以经济形态为划分根据的六种国家制度——原始共产主义、奴隶制、封建制、资本主义、社会主义和未来共产主义——都不具有普世性和普世价值，它们都因时因地而异，只可能和只应该实行于一定的国家、一定的社会、一定的时代；而不可能和不应该实行于一切国家一切社会一切时代。当一种经济制度适应和促进生产力发展的时候，就是好的、应该的和具有正价值的。可是，随着生产力的发展，当同一种经济制度阻碍和不适应生产力发展的时候，它就是坏的、不应该的和具有负价值的了。

试想，奴隶制岂不仅仅对于它所取代的原始社会来说才是好的、应该的和具有正价值的？岂不仅仅在原始社会生产力水平逐渐提高以致出现了剩余产品的时代才是好的、应该的和具有正价值的？而对于其他任何时代任何社会岂不都是最坏的制度？资本主义是不好的不应该的制度，岂不仅仅对于生产力高度发达的社会才能成立？对于生产力不够发达的社会，资本主义岂不是最好的制度？共产主义是最美好的制度，岂不也仅仅对于生产力高度发达的社会才能成立？而对于生产力不够发达的国家来说，实行共产主义岂不意味着莫大的灾难？

综上可知，国家制度虽然都是人制定的、约定的；但是，只有恶劣的、坏的、不应该的和具有负价值的国家制度才可以随意制定、约定。反之，优良的、应该的、好的或具有正价值的国家制度绝非可以随意制定，而必须符合国家应该如何之价值，因而只能通过国家目的（国家制度价值标准），从人性与社会发展规律等国家事实如何的客观本性（国家制度价值实体）中推导、制定出来。于是，国家制度之优劣好坏，直接说来，取决于是否符合国家应该如何之价值；归根结底，一方面取决于是否符合国家目的或国家制度价值标准，另一方面取决于是否符合人性和社会发展规律：符合国家制度价值标准和人性以及社会发展规律，就是好的、应该的、正确的、善的和具有正价值的国家制度；违背国家制度价值标准和人性以及社会发展规律，就是坏的、不应该的、错误的、恶的和具有负价值的国家制度。

写作训练

1. 2010年8月1日，台湾学者龙应台于北京大学百年纪念讲堂上发表了名为《我怎么会没有中国梦呢》的演讲，她指出：

"回到今天中国梦的主题，可能有很多台湾人会跳起来说：中国不是我的梦，我的梦里没有中国。但是，你如果问龙应台有没有中国梦，我会先问你那个中国梦的'中国'指的是什么？如果你说的'中国'指的是这块土地上的人，这个社会，我怎么会没有梦呢？别说这片美丽的土地是我挚爱的父亲、母亲永远的故乡，这个地方的好跟坏，对于台湾有那么大的影响，这个地方的福与祸，会牵动整个人类社区的未来，我怎么会没有中国梦呢？"

请结合自己的体会，谈谈你所理解的中国梦。

2. 中国现代学者胡适先生有一句至理名言："现在有人对你们说：'牺牲你们个人的自由，去求国家的自由！'；我对你们说：'争取个人的自由，就是争取国家的自由；争取个人的人格，就是争取国家的国格！自由平等的国家不是一群奴才建造得起来的！'"

你是否同意胡适先生的观点，谈谈你对这个观点的看法。

3. 作家王蒙访问美国时在接受采访中有记者曾问道："中国人为什么那么爱国？"王蒙答曰："因为中国人有唐诗和中餐。"这番回答看上去似乎颇具搞笑与俏皮的成分，但若细细一想，确大有深意。请谈谈你对王蒙这段话的理解。

第二课　容忍与自由

目标导引

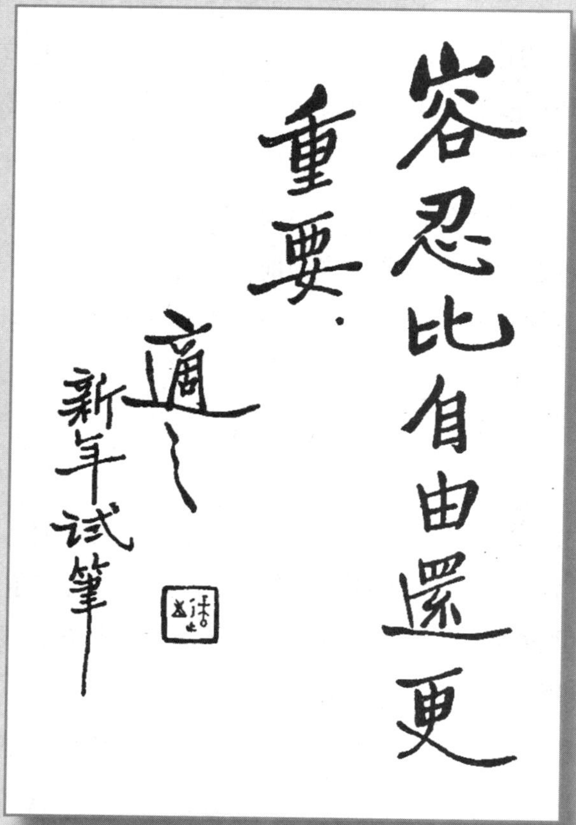

一生都在为自由奔走的胡适先生晚年一反常态地提出“容忍比自由还更重要”的著名论断，表示“要用容忍的态度来报答社会对我的容忍”，他所提倡的“容忍”的对象究竟是强调“宽容”还是“忍受”呢？它跟南非大主教图图所提倡的“宽恕”又有什么区别呢？“容忍”究竟在什么意义上才会比一切价值的前提——“自由”——更重要呢？为什么唐小兵激烈地反对胡适先生的观点呢？

思辨现场

1. 容忍比自由更重要吗?

1959 年 3 月，晚年胡适在《自由中国》发表了一篇广为流传的文章《容忍与自由》，在这篇文章里他提出了一个著名观点：容忍比自由更重要。他结合自己早年的经历与历史上的宗教迫害，认为“没有容忍，就没有自由”。他用感恩的心情说道：“我要用容忍的态度来报答社会对我的容忍，因为我年纪越大，我越觉得容忍的重要意义。若社会没有这点容忍的气度，我决不能享受四十多年大胆怀疑的自由，公开主张无神论的自由了。”

胡适（1891 年—1962 年），安徽绩溪上庄村人，因提倡文学革命而成为新文化运动的领袖之一，在文学、哲学、史学、考据学、教育学、伦理学、红学等诸多领域都有深入的研究。著有《胡适文存》《人权论集》等。

但是，当代学者唐小兵却在《自由比容忍更重要》一文中针锋相对地提出：“自由主义者强调宽容，甚至为了国家利益可以连个体的自由都放弃，可国家在镇压、改造他们的时候却从来没有心慈手软过。可见，无原则的宽容并不像胡适那样可以保全自由，反而摧折了自由。自由是一种价值，而宽容仅仅是一种方法或态度，因此自由应该是一切价值的前提，自由比容忍更重要。社会责任感或者公共利益的概念太过于虚幻，容易被政客所操纵和涂改，而关乎个人的扎扎实实的自由却是饱满而富于生命力的，每个人都为了自己的宪法所赋予的自由而反抗、争取，使纸面上的自由成为自由呼吸的空气，那么这种具体的肇始于个人的自由反而为自由主义者所捍卫的公共利益夯实了一个结实的基础。否则，绥靖的自由主义者就很容易成为国家专制力量的合谋。知识分子对自己的权益负责，对自己的自由负责，坚决地反抗一切对其的奴役和压迫（哪怕这种压迫来自人民利益或历史意志），才能从高蹈或高调的‘话语自由主义’成为低调的从日常生活开始的自由主义者。”

对于胡适和唐小兵的这两种观点，你更倾向于哪一种？请分条陈述你的理由。

	容忍比自由更重要	自由比容忍更重要
理由 1		
理由 2		
理由 3		

2. 宽恕需要条件吗?

梁文道（1970年— ），人称“道长”，祖籍广东顺德，香港文化人、传媒人，毕业于香港中文大学崇基学院哲学系。从1998年开始梁文道就不断活跃于香港文化界、知识界。著有《常识》《我执》《关键词》《读者》等。

不可能的宽恕

——梁文道《我执》

耶稣垂死之际，底下的群众犹兀自喧哗，等他咽气。然而神子却仰首说：“父啊！原谅他们吧，他们不知道自己在做什么。”

每次读到《圣经》这一段，都莫名感动，不能言语。钉死人子，钉死为免除人类苦难而来者，钉死许诺天国的弥赛亚，这是何等的重罪？受害的耶稣即使到了这时候，依然不舍他所爱的人，那些欲置他于死地的凶手。这就是宽恕，真正的宽恕，不可能的宽恕。一般来说，犯错的人不先行忏悔，是没有宽恕可言的；但如果受害者在罪人认错以前就宽恕了他呢？

在西方的思想传统里面，宽恕往往被认为是不正义的，错误要有等价的惩罚才能弥补；在正义的天平之上，宽恕的地位不知如何安放。像康德这样的大哲学家想了半天，只能勉为其难地为宽恕想出一个先决条件，那就是犯下错误的人必得悔悟，主动要求宽恕。

但是德里达敏锐地观察到宽恕又是无条件的，是一种只有掌握最高权柄者才可施行的特权。从古代的国王到现在的民选元首，都有特赦犯人的权力。赦免之所以是特别的，就在于它违背了法律背后那以眼还眼、以牙还牙的古老法则，在法律之外开启了不可能的空间。

如果有人只是撞了我一下，我当然可以原谅他，他也会预期得到我的谅解。但这种能够预料能够计算的宽恕就不是纯粹的宽恕了。最纯粹的宽恕是宽恕不该宽恕的人，原谅无法挽回的过失，违反一切正义常识的例外。我们可以质疑耶稣，为什么要原谅杀你的凶手？为什么要原谅不觉得自己犯了错的人？这岂不是破坏了人间的道德与律法？耶稣没有回答，他只是宽恕。

上文选自梁文道《我执》一书，对于文中论及的“宽恕是否应该是有条件的”这一问题，请发表你自己的看法。

	宽恕应该是有条件的	宽恕应该是无条件的
理由 1		
理由 2		
理由 3		

概念辨析

1. 何谓自由?

——哈耶克《自由秩序原理》

自由意味着始终存在着一个人按其自己的决定和计划行事的可能性；此一状态与一人必须屈从于另一人的意志（他凭借专断决定可以强制他人以某种具体方式作为或不作为）的状态适成对照。经常用以描述这种自由状态的古老的说法，因而亦就是“独立于他人的专断意志”。

就此一意义言，“自由”仅指涉入与他人间的关系，对自由的侵犯亦仅来自人的强制。这尤其意味着，人于某一特定时间所能选择的各种物理可能性的范围大小，与自由并无直接的相关性。一个陷于困境的攀登者，虽说只看到一种方法能救其生命，但他此时无疑是自由的，尽管我们很难说他是有选择的。此外，人们如果看到此攀登者跌入深渊而无力脱困，那么我们虽然可以在比喻的意义上称其为“不自由”，但大多数人仍在很大程度上认为其状态中间存有着“自由”一词的原始含义；说他被“剥夺了自由”或被“因而丧失了自由”，其意义与它们被适用于社会关系时的意义极不相同。

有多少行动途径可供一人选择的问题，固然很重要，但是，它却与下述问题不同：个人在多大程度上能按他自己的计划和意图行事，他的行动模式在多大程度上出于自己的构设，亦即指向他一贯努力追求的目的，而非指向他人为使他做他们想让他做的事而创设的必要境况。个人是否自由，并不取决于他可选择的范围大小，而取决于他能否期望按其现有的意图形成自己的行动途径，或者取决于他人是否有权力操纵各种条件以使他按照他人的意志而非行动者本人的意志行事。因此，自由预设了个人具有某种确获保障的私域，亦预设了他的生活环境中存有一系列情势是他人所不能干涉的。

首先，须与我们自己所采取的自由意义进行对照的，乃是一种被普遍认为具有特殊意义的自由，亦即人们通常称谓的“政治自由”；所谓政治自由，乃是指人们对选择自己的政府、对立法过程以及对行政控制的参与。它乃是一些论者经由将自由的原始意义适用于整体意义上的群体而形成的概念，从而它赋予了人们一种集体的自由。但是，此一意义上的自由民族，却未必就是一个由自由人构成的民族；此外，要成为一个自由的个人，亦无须以享有这种集体自由为前提条件。我们绝不能认为，在哥伦比亚特区的居民、生活在美国的外侨、抑或无权投票的未成年人，由于不享有政治自由，因而亦就当然不享有完全的人身自由。

与“自由”原始意义不同的另一种意义，乃是“内在的”自由或“形上的”自由（有时亦称为“主观的”自由）。这种意义上的自由可能与个人自由更为相关，从而亦就更容易与之相混淆。内在自由所指涉的乃是这样一种状态，在这种状态中，一个人的行动，受其自己深思熟虑的意志、受其理性或持恒的信念所导引，而非为一时的冲动或情势所驱使。然而，“内在自由”的反面，并非他人所施之强制，而是即时情绪或道德缺失及知识不足的影响。依据这种内在自由，如果一个人不能成功地按其深思熟虑做他所欲做的事情，如果他在紧要关头丧失意志或力量，从而不能做他仍希望做的事情，那么我们可以说他是“不自由的”，亦即他是“他情绪的奴隶”。当某人因无知或迷信而不去做他在获致较佳信息的情形下会去做的事情的时候，我们有时也会视他为不自由；据此，我们宣称“知识使人自由”。

一个人是否能够理智地在不同的替代方案之间做出选择、或者是否能够理智地坚持贯彻一项他业已拟定的解决问题的方案，与其他人是否将他们自己的意志强加于他，实属两个根本不同的问题。显而易见，这两个问题并非不具有某种勾连，因为某些状况虽说相同，但对一些人而言可能会成为强制，而对另一些人来讲却只是那些必须加以克服的一般性困难而已，因此这个问题须依有关人士的意志力量而定。在上述范围内，“内在自由”与不存在强制意义上的“自由”，将一起决定一个人能在多大程度上使用其知识以对各种机会做出选择。但我们仍须对这两个概念做出界分；这种界分之所以极其重要，其原因在于：“内在自由”的概念与哲学上所谓“意志自由”这个含混的概念有着极为密切的关系。对自由理想危害最大者，莫过于这样一种错误信念，即科学决定论已经摧毁了个人责任的理论依据。

所谓第三种意义上的自由，即把“自由”（liberty）用来指称“做我想做的事情的实质能力”、满足我们希望的力量、或对我们所面临的各种替代方案做出选择的能力。这种“自由”似乎存在于许多人的梦想之中，具体表现为如下幻想：他们能飞翔、他们能不受地心引力之影响，并且能够“像鸟一样自由”飞到任何他们所想望的地方去，或他们有力量按其喜好变更他们的环境。

此一术语的这种隐喻用法，虽说始终广为人们接受，但直至晚近，才有人真正地将此种“免于（或摆脱）障碍的自由”（freedom from obstacles），亦即意指无所不能（omnipotence）的自由，与任何社会秩序都能够予以保障的个人自由相混淆。需要指出的是，只是在社会主义者刻意地将这种混淆作为其论点之一部分而予以发展以后，它才具有了现实的危害性。这种视自由为能力或力量的观点，一经认可，就会变得荒诞至极，使某些人大肆利用“自由”这一术语的号召力，去支持那些摧毁个人自由的措施；另一方面，这种观点一经认可，各种诡计亦将大行其道，有些人甚至可以借自由之名而规劝人民放弃其自由。正是借助于此一混淆，控制环境的集体力量观取代了个人自由观，而且在极权主义国家中，人们亦已借自由之名压制了自由。

2. 罗斯福论“人类的四大基本自由”

在一九四一年一月六日致国会的咨文中，富兰克林 · 罗斯福总统要求国会根据租借法案，把必要的武器装备提供给那些总统认为其防御对美国利益至关重要的国家。由于战争逼近,他宣布了四项“人类的基本自由”，这项宣布，被认为是关于美国人民准备为之奋斗的原则的最简要声明。

——富兰克林 · 罗斯福

在我们力求安定的未来的岁月里，我们期待一个建立在四项人类基本自由之上的世界。

第一是在全世界任何地方发表言论和表达意见的自由。

第二是在全世界任何地方，人人有以自己的方式来崇拜上帝的自由。

第三是不虞匮乏的自由——这种自由，就世界范围来讲，就是一种经济上的融洽关系，它将保证全世界每一个国家的居民都过健全的、和平时期的生活。

第四是免除恐惧的自由——这种自由，就世界范围来讲，就是世界性的裁减军备，要以一种彻底的方法把它裁减到这样的程度：务使世界上没有一个国家有能力向全世界任何地区的任何邻国进行武力侵略。

批判思维

1. 宽恕与自由

——摘自刘文瑾《不可能的宽恕与有限的“宽恕”》一文,《读者》2014 年第 10 期宽恕在我们的世纪经常被滥用、被抛售，有时是由于人们在认识上的混乱——人们以为他们能像上帝一样给出宽恕，更多时候则由于当权者出于利益权衡的考虑，以道歉和宽恕作为和解的辞令。而这些利益交换的策略也时常容易同人们忘却苦难、回避困难的惰性取得合谋。二十世纪后半期，国际政治舞台上的致歉和请求宽恕固然美好，然而，亦如德里达所言，这些行为模糊了"宽恕"这个词的界限。因为宽恕的本意是发生在施害者和受害者个人之间的事情，首先应当作为非体制性行为存在。体制性行为虽体现了忏悔和宽恕精神对公共生活的影响，但也可能僭越了本应属于个人自由与责任的忏悔和宽恕的决定，以致让忏悔和宽恕失去其积极意义——个人良知的复活。

这一点对于反思二十世纪的历史悲剧尤为重要。二十世纪的历史舞台所上演的重大罪行，往往都是以国家、民族、人类进步的宏大叙事为借口。事实上，这也是日本在20世纪发动侵华战争的理由——建立"大东亚共荣圈"。为此，日本极右势力至今不肯认罪。以某种社会理想或外界环境为由推脱自己的罪责，这成为我们时代最常见的现象。现代政治之所以产生极权主义的恶，其秘密就在于此：人们为自己坏的意愿寻找好的理由，用意识形态取代个人良知，又以国家机器运作意识形态。由此，从最坏的

雅克·德里达（Jacques Derrida，1930年—2004年），当代法国解构主义大师、当代最重要亦最受争议的哲学家之一。在人文和社会科学如：人类学、历史学、语言学、社会语言学、政治理论、女权主义和酷儿研究领域都有显著影响。主要著作有：《论文字学》《言语和现象》《文字与差异》《论散播》等。

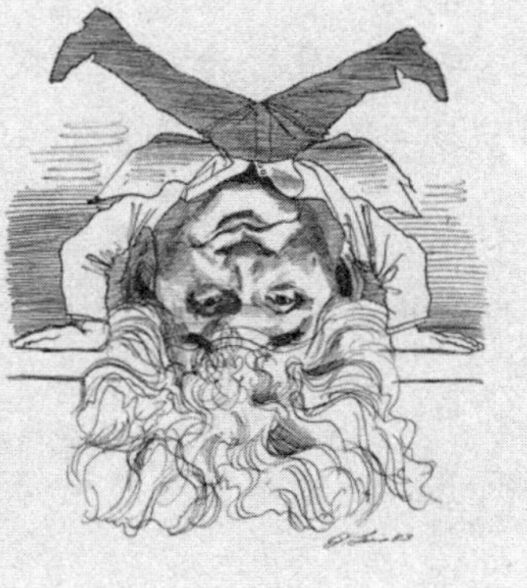

行动只能得出“教训”，不能得出宽恕的需要。人们只需相信自己的善良意愿，而无需为行为的后果负责，这种做法使人们的行动陷入一种着魔般的疯狂系统中。

在施害者那方，当罪行是以国家、团体名义犯下的集体性的政治罪行，一种由国家首脑或团体领袖表达的对宽恕的请求，如《中日联合声明》、“村山谈话”是否足够？同样，在受害者那方，当不幸是由于属于某个集体（国家、民族、宗教团体）而遭受的，那么，由国家首脑或团体领袖代为给予宽恕，是否应当？这或许是思考今天中日双方关于“道歉了吗”之“误解”的关键。

德里达曾举过一个例子：一位南非妇女有一天来到真相与和解委员会作证，她的丈夫被凶暴的警察杀害了，她表示她本人不打算宽恕这件事情，而且认为委员会或国家政府都不能给出宽恕。这位妇女的态度提示：宽恕首先是施害者与受害者双方之间的事，与第三方无关。宽恕不同于调解或仲裁的权限与目的。宽恕虽同予以惩罚的权力有一定关系，但却不是惩罚的反面。如阿伦特所言，二者的相同在于：“它们都试图结束一些没有干预，就会无休无止地进行下去的事情。”而不同在于：宽恕是一种“重新开始的、出乎意料的行动”，是“摆脱报复的自由”。

宽恕最关键的意义就在于这种自由。在受害者那方，宽恕超越受他人侵害之后自然、自动的报复反应。在施害者那方，忏悔和请求宽恕意味着不再为自身行为寻找外在借口，承认行动的诱因是自己的恶，亲自向受害者表达对这恶的厌弃，并尽力补偿受害者的损失。前者表明：恶和不幸并不能剥夺人类爱与宽恕的能力，这是人们在看到世界诸多恶与荒谬之后，仍对生活抱有希望的理由。后者则表明：曾经作恶的人有可能同过去的罪分离、改过自新；恶并不必然像影子一样伴随人的一生。在个人身上，道德上的救赎是可能发生的。

2. 没有宽恕，就没有未来

——恺蒂《南非的良心：无声者的声音》

一九九四年四月二十七日南非举行了第一次民主大选，结束了非人性的种族隔离制度，告别了血腥的历史，政权和平过渡。新政府所面对的最当即最棘手的问题是如何处理种族隔离所带来的积怨和愤怒。作恶者和受害者如何共同生活下去？是复仇和清洗，杀人偿命以血还血以牙还牙，还是以德报怨给全民族无论肤色黑白一个新的起点？

图图（1931年—　），南非黑人主教。1931年10月7日出生于南非德兰士瓦省克莱克斯多普的黑人教师家庭。1975年出任约翰内斯堡第一位黑人教长。1976年任莱索托主教。1979年任南非基督教理事会秘书长。1985年2月3日于约翰内斯堡宣誓就任南非第一位黑人主教。1982年获纽约哥伦比亚大学名誉博士学位，后又获英国一些大学授予的神学硕士、法学博士及尼法博士称号。共获48个名誉学位。1984年获诺贝尔和平奖。

一九九四年六月，以曼德拉为首的南非新政府以超人的宽容和气度，宣布他们将成立“真相与和解委员会”来处理一九六〇年到一九九四年五月十日间所有人所犯过的罪行，对那些诚心忏悔请求宽恕的人实行大赦，对受害者进行补偿。一九九五年，图图被曼德拉点名出来主持委员会的工作。当年图图六十三岁，正准备退休，但是曼德拉请他出山，他当然不会说不。回想起来，他说：“说实话，那个工作可不容易，在整个听审过程中，有无数次，我对自己说，我怎么会接受这个工作，我甚至不希望我最仇恨的敌人接受这一工作，是不是我的脑子出了问题。当时，我和我老伴都在盼着我九六年退休，但是九五年，‘真相与和解委员会’成立，两百多个委员会成员的候选人几经筛选，最后选出十七位，我也是其中之一。名单被送到曼德拉总统处，他点名要我主持整个委员会。曼德拉一声令下，谁敢不服？我也别无选择，期待已久的退休生活化为烟云，我只得回家向老伴道歉。那以后三年‘真相与和解委员会’的工作可以说让人痛苦震惊，但同时也让人振奋。一方面是作恶者最可怕的让人难以想象的对于人性的折磨和凌辱的故事，另一方面却是受害者无与伦比的宽容和慈悲，让人感动。能亲身经历这样的宽恕与和解的过程，能成为其中的一分子，对我来说，是一种难得的特权，现在，我很感激曼德拉让我有这么个机会。”

委员会的十七名成员来自不同的种族肤色，其中有黑人、印度人、荷裔南非白人、英裔白人、犹太人等，政治倾向和宗教信仰也很不相同，职业有反对党议员，有律师、法官、心理医生、妇女运动激进分子等，这些委员都由总统曼德拉直接任命，他们有尚方宝剑，可以不受任何干扰独立作出决定。图图这样阐述“真相与和解”的重要性：“我希望通过委员会的工作，我们能打开并清洗伤口，防止伤口化脓溃烂。”“我们不能轻描淡写地说过去的就过去了，因为它们不会轻易过去，总有一天会回来折磨我们。真相与和解不是便宜的，因为它的基础是宽恕，宽恕是昂贵的。宽恕又要以悔悟为前提，悔悟的基础是承认所做过的错事，公布真相，你无法宽恕你所不知道的事。”他后来的著作《没有宽恕就没有未来》(*No Future without Forgiveness*）叙述的，就是他这三年的经历。

委员会的工作究竟如何具体开展，究竟用什么模式来处理南非社会中不同种族之间的积怨和愤怒，当时有很多争论。有人提到纽伦堡模式，二战后盟国在纽伦堡起诉纳粹战犯，大快人心。但是图图认为那只是战胜者的片面正义，有的战胜国也同样犯下侵犯人权的暴行，却无人追究。所以，纽伦堡模式没有办法治愈南非的伤痛。纽伦堡审判之后的盟国成员各自拍拍手回家，而南非白人和黑人还得在同一个国家里共同生活下去，黑人白人都得甩掉包袱，才能重建我们的家园。还有人提出民族的忘却，对过去的罪恶一笔勾销、普遍大赦。这当然也不行，这对受难者和他们的家庭会造成巨大的痛苦，这意味着让整个民族失去记忆，如果忘却过去的话，一切罪恶都将可能重演。所以，南非选择了第三条途径，这就是宽恕与和解，在种族压迫制度下犯罪的人，只要坦白自己所有的罪行，并真诚地请求宽恕，他们将得到赦免。

“真相与和解”的理论基础，源自于非洲的传统 Ubuntu。这个词无法翻译成英文。Ubuntu 是一种非洲哲学，也是一个人成为人的最基本的要素，非洲人称赞某人时，常常说“这个人有 Ubuntu”，意思就是说这个人很慷慨，很好客，充满同情心，与其他人分享一切。Ubuntu 意味着所有的人都是捆在一起的，非洲人说“一个人都是通过其他人而存在”，“我之所以成为一个人，是因为我属于，我参与，我分享”，这和欧洲哲学中的“我思故我在”非常不一样。所以，南非的“真相与和解”的过程，就是以 Ubuntu 为基本。和谐、友善、集体的观念在非洲人的生活里太重要了，每个人都应该对愤怒、仇恨、报复避而远之。非洲的古老智慧是：“剥夺他人的生命，也就意味着他自己不成其为人。”

图图列举了非洲国家中因放弃 Ubuntu 所遭受的战乱和灾难，例如肯尼亚独立时肆意报复，成为白人移民的坟墓。六十年代的比属刚果，九十年代的卢旺达，都发生了惨烈的大屠杀。再如一九九四年卢旺达种族大屠杀事件之后，有超过十万名屠杀嫌疑犯被关押在十九个监狱中待审，卢旺达国内司法系统根本无法应付，在事态平息后的两年里，在监狱中死亡的人比受到审判的人还多。以报复的方式伸张正义只会引发更多的种族冲突，杀人偿命的原则只会让死去的人越来越多。

“真相与和解委员会”不是法庭，它是一个舞台，给受难者述说苦痛的机会。在委员会听审的三年中，委员会成员遍行南非各地，让受害者当众讲出曾遭受的痛苦与屈辱，也让当年的官员、警察、打手和告密者供出所犯罪错，以此求得人民的宽恕。他们审问的，不仅是白人作恶者，也有黑人，包括国大党的成员。其中最著名的，要数曼德拉的前妻温妮。

曾有人指责“真相与和解委员会”的工作忽略了正义，但是图图说：“我们认为这里存在着另一种形式的正义，一种恢复性的、强大的正义，它具有的是非洲传统中主持正义的特征。在这种正义观中，更重要的目标是医治那些破碎的心灵，使被损坏的关系回归平衡，试图给犯罪者和受难者同样恢复的机会，使他们重新适应这个他们曾经伤害过的社会。”那种以牙还牙以怨报怨只能形成巨大的恶性循环，那是一种野蛮的复仇方式。受伤害的如果变得和对手一样，那更是自我仇恨，自我作践。他说：“我们不是什么高高在上的人，我自己也是一再受到伤害的，长久以来，整个南非国家的命运就是在自我伤害。”他说：“被伤害的人们不要拒绝宽恕对方”，因为只有通过宽恕才能真正解放受难者。

宽恕不是忘却，正相反，记忆对于宽恕很重要，宽恕并不是认可过去的恶行，宽恕是要把那根可能会扩展到全身的毒刺从记忆里取出来，宽恕是受害者放弃他以牙还牙的权利，从此解放自己。图图在他的书中举了一个例子，他说，有三位老兵站在华盛顿越战纪念碑前，一个问：“你是否已经宽恕那些曾经把你擒为战俘的人？”被问者回答：“我永远不会宽恕他们。”第三个说：“这样你仍然是他们的囚徒。”

写作训练

1. 1994年，南非总统曼德拉在就职典礼上对曾经虐待过自己的狱警格里高说：“在走出囚室，经过通往自由的监狱大门那一刻，我已经清楚，如果自己不能把悲伤和怨恨留在身后，那么我其实仍在狱中。”曼德拉总统的话给我们留下了怎样的启示？

2. 2001年，当代法国哲学家德里达在北大讲演《宽恕：不可宽恕和不受时效约束》之后，有学者提及中日宽恕问题的纠结。对此，德里达回答说：“这并不是宽恕的问题，因为只有死去的牺牲者才有权利去宽恕或不宽恕。在日本承认了反人类的罪行之后，是否就是该和解的时候呢？是否是重建一种健康的国家关系的时候了呢？那是经济的、外交的、政治的问题，不是纯粹的宽恕问题。”你是否同意德里达的观点？请发表你对这个问题的看法。

3. 德国哲学家叔本华说：“学会在人群中保持一定程度的孤独，不要有什么想法就立马告诉别人。同时，对别人说的话不要太当真。不能对别人有太多期待，无论在道德上抑或在思想上。对于别人的看法，应锻炼出一副淡漠、无动于衷的态度，因为这是培养值得称道的宽容的一个最切实可行的手段。” 你是否同意叔本华的观点？请发表你对这个问题的看法。

第三课　怀疑与信仰

目标导引

当外国人问你“中国人信仰什么”的时候，你究竟该如何作答？在这个怀疑主义盛行的时代，我们究竟还要不要保留信仰？有没有一种信仰让你显得特立独行？我们又应当如何看待那种“我只相信我自己”的论调？那些似是而非的“信仰”究竟如何去辨析？为什么总是有人误入歧途加入邪教组织呢？尼采“重估一切价值”的著名论断对于当今的我们又有哪些启示呢？

思辨现场

1.（不）相信

——龙应台《目送》

二十岁之前相信的很多东西，后来一件一件变成不相信。

曾经相信过爱国，后来知道“国”的定义有问题，通常那循循善诱要你爱国的人所定义的“国”，不一定可爱，不一定值得爱，而且更可能值得推翻。

龙应台(1952年－)生于台湾高雄市大寮区眷村，现代作家，原台湾地区“文化部部长”。被誉为华人最有力的一支笔，针砭时事，鞭辟入里，以有情眼光观察社会，其《野火集》《百年思索》《面对大海的时候》讨论的均是中国台湾面对国际面对世界时人民应有的自我反省与探讨。

曾经相信过历史，后来知道，原来历史的一半是编造。前朝史永远是后朝人在写，后朝人永远在否定前朝，他的后朝又来否定他，但是负负不一定得正，只是累积渐进的扭曲变形移位，使真相永远掩盖，无法复原。说“不容青史尽成灰”，表达的正是，不错，青史往往是要成灰的。指鹿为马，也往往是可以得逞和胜利的。

曾经相信过文明的力量，后来知道，原来人的愚昧和野蛮不因文明的进展而消失，只是愚昧野蛮有很多不同的面貌：纯朴的农民工人、深沉的知识分子、自信的政治领袖、替天行道的王师，都可能有不同形式的巨大愚昧和巨大野蛮，而且野蛮和文明之间，竟然只有极其细微、随时可以被抹掉的一线之隔。

曾经相信过正义，后来知道，原来同时完全可以存在两种正义，而且彼此抵触，冰火不容。选择其中之一，正义同时就意味着不正义。而且，你绝对看不出，某些人在某一个特定的时机热烈主张某一个特定的正义，其中隐藏着深不可测的不正义。

曾经相信过理想主义者，后来知道，理想主义者往往经不起权力的测试：一掌有权力，他或者变成当初自己誓死反对的“邪恶”，或者，他在现实的场域里不堪一击，一下就被弄权者拉下马来，完全没有机会去实现他的理想。理想主义者要有品格，才能不被权力腐化；理想主义者要有能力，才能将理想转化为实践。可是理想主义者兼具品格及能力者，几希。

曾经相信过爱情，后来知道，原来爱情必须转化为亲情才可能持久，但是转化为亲情的爱情，犹如化入杯水中的冰块——它还是冰块吗?

曾经相信过海枯石烂作为永恒不灭的表征，后来知道，原来海其实很容易枯，石，原来很容易烂。雨水，很可能不再来，沧海，不会再成桑田。原来，自己脚下所踩的地球，很容易被毁灭。海枯石烂的永恒，原来不存在。

二十岁之前相信的很多东西，有些其实到今天也还相信。

譬如国也许不可爱，但是土地和人可以爱。譬如史也许不能信，但是对于真相的追求可以无止尽。譬如文明也许脆弱不堪，但是除文明外我们其实别无依靠。譬如正义也许极为可疑，但是在乎正义比不在乎要安全。譬如理想主义者也许成就不了大事大业，但是没有他们社会一定不一样。譬如爱情总是幻灭的多，但是萤火虫在夜里发光从来就不是为了保持光。譬如海枯石烂的永恒也许不存在，但是如果一粒沙里有一个无穷的宇宙，一刹那里想必也有一个不变不移的时间。

那么，有没有什么，是我二十岁前不相信的，现在却信了呢?

有的，不过都是些最平凡的老生常谈。曾经不相信“性格决定命运”，现在相信了。曾经不相信“色即是空”，现在相信了。曾经不相信“船到桥头自然直”，现在有点信了。曾经不相信无法实证的事情，现在也还没准备相信，但是，有些无关实证的感觉，我明白了，譬如李叔同圆寂前最后的手书："君子之交，其淡如水，执象而求，咫尺千里。问余何适，廓尔忘言，华枝春满，天心月圆。"

相信与不相信之间，仿佛还有令人沉吟的深度。

在以下表格中，分别写出一个你依然相信和曾经相信现在不再相信的"信仰"，简要地陈述理由。

	依然相信 ________	不再相信 ________
理由 1		
理由 2		
理由 3		

2. 珍视我们自己的信仰

——《人民日报》2013.5

作者：赵启正 中国人民大学新闻学院院长

在国际交往中，中国人信仰什么，常常引起外国人好奇。因为世界上自认为有宗教信仰的人，据统计约占全部人口的84%。确实，大多数中国人不信仰宗教。因此有外国人经常问，既然没信仰，那你生活有什么准则？用什么来约束自己的行为？

一位资深的美国基督教神学家对我说，载于旧约的“黄金律”——“你们愿意人怎样待你们，你们也要怎样待人”是最重要的信仰。我说，中国两千多年前孔夫子就有“己所不欲，勿施于人”，一直是中国人的信条。

那位神学家说，这和我们的“黄金律”很相近，的确也很伟大，但我们是宗教信仰，有神在监督着，你们的信仰靠谁来监督？我回答说，我们的信仰是“文化信仰”，有“诸神”在监督，就是家人、朋友、同事、邻居，这种来自周围人的社会监督很有效，无处不在；还有自我监督，就是“良心”，我们讲“天地良心”、“君子慎独”，说的就是自己监督自己。天地是“道”，对于“道”的信奉、崇敬其实是中国传统文化中信仰的核心。这是一种有别于西方信仰形态的信仰。它具有非人格神的特点，但具有最高命令的意义，对整个社会有确立价值、约束行为的功能。

宗教信仰在世界许多地方培育了人们的道德，建立了生活秩序，凝结了人群，固然是人类文明进程中的重要现象。但没有宗教信仰绝不等于没有信仰。信仰具有多种形态，文化信仰也是一种坚定的信仰，而且它不排斥宗教信仰，具有极大的共融性。英国诗人艾略特称文化是“一个民族的全部生活方式，从出生到走进坟墓，从清早到夜晚，甚至在睡梦之中”。中华民族有五千年的文化积淀，当然有自己的信仰传统。

作者在文中主张的我们应当坚持的“文化信仰”主要是从文化的哪一个层面来论述的（文化的三个层面：器物、制度、思想），作者所提倡的“文化信仰”的主要内涵是什么，你是否同意他对“文化信仰”的理解和界定。请发表你的看法。

	同意	不同意
理由 1		
理由 2		
理由 3		

概念辨析

四种不是信仰的“信仰”

——徐贲《怀疑的时代需要怎样的信仰》

许多人把八〇后、九〇后青年中的游戏人生、玩世不恭归结为信仰缺失，从而怀念起1950年代初的那个时代。他们认为那是一个中国人普遍有理想、有道德的年代，是因为人们普遍具有坚定的信仰，“文革”后，信仰被动摇，所以不再有那“激情燃烧的岁月”。于是，重建那个时代的信仰，把那激情重新燃烧起来，就成为那些人“救救青年”的济世良方。那么，在那个年代，我们究竟有过什么样的信仰？在这个问题上，我们的认识究竟存在不存在什么误区？

一、是神话的信仰，还是理性的信仰？

信仰有神话的信仰和理性的信仰之分。初民时期，人对神话的信仰是世界各个民族的必经阶段。如在古希腊，神话“构成了信仰的‘日课经’”，也是“这一群人集体知识的百科全书”。随着人类对自然界认识的全面和深化，对神话的信仰逐渐被理性的信仰所替代。今天，哪怕是从未进过学堂的农妇，也不会相信水旱涝灾抑或风调雨顺是老天爷喜怒哀乐的结果。有人可能要问，在科学发达的西方，为什么还有那么多的人笃信宗教呢？其实，这种宗教意义上的信仰，与其说是信神或信上帝，不如说是信神或上帝的教诲。这种教诲往往体现了与某种超越的终极关怀联系在一起的普遍价值，与自然科学无关。

几百年来，与自然有关的神话一一破灭，然而，由于人们对美好社会的向往，各种与社会有关的神话却你唱罢后我登场。这类神话一旦被哪个国家的政治野心家所利用，不仅该国的国民被拖入深渊，还可能祸害世界，如德国希特勒。他们煽动仇恨、鼓吹暴力、杀戮同类、剥夺自由，强迫全体国民无条件信仰他们虚构的神话，而这一切都是在“建设美好社会”的名义下进行的。这种信仰显然与以“爱人”为教旨的宗教意义上的信仰南辕北辙。作者说：“二十世纪的人类历史已经有了太多的经验教训，这样的信仰不仅是赝品，而且更是危险品。它会把一个国家、一个民族带到自我毁灭的边缘。我们不能饥不择食，而把这样的赝品和危险品当成信仰。”赝品终究会被识破，神话也终究会破灭。如重建这样的信仰，无非是把神话延续下去，无非是把流感病毒从 H1N1 变异到 HXNY，真不知还有多少人将要被戕害。

二、是神道设教的信仰，还是宗教自由的信仰？

为了进一步说明那个时代的信仰是个什么玩意儿，作者引用了邓晓芒教授《中国人为什么没有信仰？》这篇文章的部分论述。邓先生发现自古以来就有一种所谓“神道设教”的伪信仰，起初的“神道”是代表自然法则的运行，要求在位君主要顺应天命治理国家，发展到后来，却成为以特定的鬼神信仰，强迫子民盲从迷信。在此传统的统治术基础上，现代统治者创造了一种全新的政治化的“神道设教”，所谓“道”就是统治意识形态，而“教”则是党政国家机器。“它会具有某种能让老百姓爱听的自然之理和顺应民意的内容；它同时会用某种系统的说辞，通过一整套的组织方式来统治并教育民众。因此，顺应民意与教育群众是它的两个组成因素。”如德国希特勒，用国家社会主义向德国人民作出美好许诺：消灭贫困、保障就业、民族复兴、国家富强，而且它在一定程度上也确实履行了承诺，但是它留给人们的记忆是什么呢？是世界大战和奥斯威辛集中营。今天的德国人民肯定不会希望希特勒的国社党再来统治一次，那么是他们的信仰缺失了吗？当然不是，而是神道设教这种骗术在德国已经破产。

三、是“诚于恶”的信仰，还是“诚于善”的信仰？

显然，对神道设教的信仰决不是宗教意义上的信仰，但是，单从“信仰”

的词义本身来说，这种信仰似乎也符合。那么，怎样才能划分这两种不同的信仰呢？作者根据信仰的价值，借用梁启超在《论宗教家和哲学家之长短得失》一文中的区分，把信仰分为诚于善的信仰和诚于恶的信仰。宗教意义上的信仰即是诚于善的信仰，因为它提倡用此岸世界的人类之爱去达到彼岸世界的美好社会。诚于善的也可以是世俗的信仰，如对民主等一些普世价值的信仰。

诚于恶的信仰虽也有建设美好社会的口号，但这只是作为幌子以售其奸，它用的手段是把人划分成等级，鼓吹某种族的优秀或某阶级的先进，唆使一部分人去消灭另 一部分人，反对人类之间的博爱。为了使前一部分人甘愿受其调遣和后一部分人“死得瞑目”，设教者必然要从精神上控制人，剥夺人的信仰自由，而且要“从娃娃抓起”，使人从小就认识到“宇宙真理”只有它一家，其他的都是“腐朽的”“没落的”思想，要“拒腐蚀、永不沾”。这样，众人都成了他们的驯服工具，前一部分人认为自己成为后一部分人的掘墓人是历史的使命，后一部分人则认为自己确实有一种“原罪”，就应该接受改造，就应该“灭亡”。

所以，诚于善的信仰把人放在第一位，尊重人的自由，包括信仰自由；而诚于恶的信仰则把人当作工具，试图统一人的思想，只许人接受钦定意识形态的教育，实际上就是不允许人有信仰自由。

四、是“照着做”的信仰，还是“想着做”的信仰？

正如作者所说，“一个民族或社会如果没有以自由为灵魂的信仰，那么敌视自由的神道设教便有机会成为方便的信仰代用品，不仅控制个人的精神和思维方式，而且也渗透到整个群体的文化和生活方式中去”。所以，信仰的灵魂应该是自由，即使是宗教的信仰，一旦抽去了它的自由灵魂，也会成为神道设教的工具，如中世纪的基督教。神道设教的信仰不允许人们有自己的思想，不允许人们怀疑，只许“照着做”，甚至乐意看到群众的狂热与狂信。真正的信仰应该是个人通过自由、理性思考获得的信仰，结果可以是某种宗教或政治的信仰，也可以是自由而理性地不相信某种宗教或某种政治意识形态，不管哪种结果，都应该表现为一些具有普世和恒久意义的价值，如自由、平等、尊严、人权原则等，最重要的，这些都应该是自己独立思考得出的结果，而不是“宣传、蛊惑、洗脑”的结果。

至此，我们对“信仰”这个概念应该有一个全新的了解了吧。当我们重提这个概念时，先得想一下，某种信仰是要求我们“照着做”还是“想着做”？如果只允许我们“照着做”，不允许我们“心有旁骛”，那么它多半就是诚于恶的信仰，就是一种神道设教，是用一种杜撰的神话在忽悠我们呢。如果真要重建这样的信仰，真要把那激情重新燃烧起来，那么这种激情燃烧得越旺，我们离某种危险就越近。

批判思维

1. 怀疑的时代需要怎样的信仰

——徐贲《怀疑的时代需要怎样的信仰》

在网上读到一篇《在怀疑的时代更需要信仰》的讲稿，是作者在北大中文系2012年毕业典礼上的致辞。其中有几句话令我印象深刻：“文学理论无法识别毒奶粉的成分，古典文献挡不住地沟油的泛滥。当利益成为唯一的价值，很多人把信仰、理想、道德都当成交易的筹码，我很担心，‘怀疑’会不会成为我们时代否定一切、解构一切的‘粉碎机’？我们会不会因为心灰意冷而随波逐流？”

我很同意作者对当前缺乏信仰的看法，但是，把信仰、理想、道德放在一起说，可能给人这样的印象：有了某种“理想”和“道德”，也就有了信仰。现在有不少人怀念“文革”时期，往往也是基于这样一种对信仰的理解。他们认为“文革”是一个中国人普遍有理想，有道德的“激情”年代，因此人们在那个时代具有坚定的信仰。现在我们知道，那时候的信仰是建立在“阶级斗争”“解放世界上三分之二的受苦人”“某某主义的明天”一类的神话上的。有鉴于这样的历史教训，今天重提信仰的时候，似乎应该问一下，我们这个怀疑的时代需要怎样的信仰？

建立在神话上或是理性上的信仰是有区别的。今天许多人的怀疑心态并不是简单地突然放弃了信仰，而是因为，在旧神话已经破灭，而新理性尚未建立的时候，怀疑是一种不可避免的，必要的，尽管会令人困惑和痛苦的过渡。

古希腊在公元前 5 世纪出现哲学的新理性之前，就已经有了神话的信仰。神话故事展现了各个神的奇特故事和他们对人类生活各方面的神秘影响，正如文化历史学家韦尔南（Jean-Pierre Vernant）所说，神话“构成了信仰的‘日课经’”。像所有其他形式的信仰一样，神话对最早的古希腊人有“教育”的作用，神话故事“同样也是这一群人集体知识的百科全书，……教育培养（paideia）需要背诵并参透具有某种经文价值的作品。这些作品中，所谓的宗教——众神明、众英雄，对崇拜的描写、对殷勤好客、对正义的某些道德思索，那些被宙斯惩罚的人——都跟别的东西一起被学习”。

然而，信仰的意义并不只在于它是信仰，而且还在于它是一种怎样的信仰。今天，绝大多数人不再盲目地接受来自传统或宗教、政治教义的信仰，而是用理性来思考和判断信仰的内容和合理性，这种神话与理性的区分最早来自古希腊哲学。由于古希腊哲学，理性本身“第一次从神话脱离出来，宛如盲人双目中的鳞片剥落一样。这不止是认知态度和心态的转变，它还包含一种决定性的意义，那就是精神的发现”。在历史的发展中，理性变得更加重要，人们对理性的认识也变得更为全面和深入。

在西方，人们一般是在宗教信仰的意义上说“信仰”，而在中国，人们大多数是在伦理和道德的意义上说“信仰”。这两个意义上的信仰虽然不同，但并不矛盾。宗教意义上的信仰有特别的对象——神，然而神和神的教诲是不可分的。神的教诲不仅关乎神与人的关系（虔诚），而且关乎人与人的关系（爱）。在不信神，不信上帝的人群中，由于没有必须爱的神，人更有理由爱他周围的人，在自由、平等、尊严的环境中，信任、尊重和关爱别人便会变得更加重要。在政治上，这些价值与民主、宪政是一致的，在哲学或神学上，这样的普遍价值则总是与某种超越的终结关怀联系在一起。

在没有终结关怀和普遍价值信仰的地方，也会出现一些看上去似乎是信仰的现象和行为，其中最常见的便是世俗的“崇拜”，这是驾驭民众的有效手段。希特勒的宣传部长戈培尔说：“在还没有新的宗教信仰时，能够教给孩子们什么呢？给他们一个‘代替品’。”那就是一个世俗崇拜的方式。它有一个由政治力量或权力营造的“神”（领袖），一个“经文”（某某著作），一个渗透到生活各方面的“世界观”，一个“僧侣阶层”（官僚体制）。这样的崇拜可能非常有效，也可以满足民众对信仰的精神需求。然而，20世纪的人类历史已经有了太多的经验教训，这样的信仰不仅是赝品，而且更是危险品。它会把一个国家，一个民族带到自我毁灭的边缘。我们不能饥不择食，而把这样的赝品和危险品当成信仰。

怀疑本身并不一定是一件坏事，问题是怀疑什么、怎么怀疑和为什么怀疑。文艺复兴时期，无论是宗教革命还是现代科学的萌芽，都是从怀疑某些被当作当然正确的东西开始的。一切可以称作为“信仰”的“确信”或“有所不疑”，无论是宗教的，还是世俗的，都必须建立在一些具有恒久而普遍意义的价值之上。人们只有确信这些基本价值，即使在现实生活中眼见无数糟蹋、破坏这些价值的行为，但仍然对这些价值坚信不疑的时候，他们才可以说是真正具备了信仰。

长期以来，我们由于信仰的高度政治化，一直无法建立起真正具有普遍、恒久意义的基本价值。中国虽有被称为“信仰”的政治教义，但并不存在真正的信仰。当这种教义的神话与人们的经验理性相抵牾，暴露出它丑陋的政治伪善时，怀疑便不可避免地发生了。今天的怀疑主义不仅是怀疑现实世界中的那些伪价值（权力、金钱），而且是根本怀疑人类是否真能拥有长久和普遍的价值，后面这一种怀疑主义才是真正可怕的。信仰是被现实，而不是被怀疑解构或粉碎的。怀疑只是信仰根本不存在的结果，而不是信仰遭动摇原因。

2. 邪教的十个特征

——《文汇报》2001 年 3 月 29 日

法国专家们经过深入研究，认为应该从社会学角度出发，以“危险性”来界定邪教：一个团体，利用科学、宗教或治病为幌子，掩盖其对信徒的权力、精神控制和盘剥，以最终获取其信徒无条件效忠和服从，并使之放弃社会共同价值观(包括伦理、科学、公民、教育等)，从而对个人自由、健康、教育和民主体制造成危害，即为邪教。

与正常的宗教相比较，法国专家们发现，邪教具有以下一系列专有的特征：

邪教的“精神领袖”至高无上，是一切信徒所必须永远服从的。这个“精神领袖”往往在世，也是邪教的创立者。他要么假借其他宗教的躯壳，要么自创一个教派。如“科学神教”借助基督教、“法轮功”则借助佛教。但邪教的关键在于其“精神领袖”都一致地自称掌握着宇宙最终真理，且“法力无边”。他控制着信徒的所有行动，而他自己则可以不受教规的限制。他能够解释一切现象。

法国情报总署根据其对邪教问题的多年追踪经验，对邪教归纳出了以下十个特点：

第一，邪教对其信徒实行精神控制，信徒必须遵循“精神领袖”的旨意而行动。这种精神控制之严重，早已超出人们的想象。

第二，邪教通过信徒大肆敛财。邪教头目几乎都这样做，因此邪教往往拥有强大的经济实力。邪教敛财的手段也是多种多样的。有的邪教要求入会者交纳年收入的3%作为“会费”；有的通过举办培训班收取费用；有的出版会刊、教刊等。

第三，邪教脱离正常社会生活。邪教的内部法则高于正常的社会法规，信徒必须首先遵守会规。使信徒脱离社会，就能使信徒失去家庭和朋友的帮助，彻底被纳入邪教内部。有的即使后悔，也难以脱身了。

第四，邪教侵犯个人身体。特别是对女性信徒和儿童来说，人身侵犯，包括性侵犯已是邪教信徒中经常出现的悲剧。

第五，邪教吸收儿童入会。法国法律是禁止向儿童传授宗教内容的。但邪教则毫无顾忌。

第六，邪教具有反社会性质，即社会是如此“丑恶”，只有加入“教会”才能净化灵魂。

第七，邪教扰乱社会正常秩序。

第八，邪教不断引起司法纠纷。“科学神教”也曾如“法轮功”一样，对一位写书揭露其邪教实质和内幕的记者富贝尔进行围攻和提出起诉，说他无理攻击“科学神教”。法院最终判处“科学神教”败诉。

第九，邪教经常性地转移资金。

第十，邪教试图渗入公共权力机构，以求扩大影响。正如富贝尔所披露，“科学神教”已经渗透到内政部、文化部等政府部门，甚至渗透到已故前总统密特朗周围。

此外，邪教的组织结构也大致相同：都是典型的金字塔形结构。“精神领袖”为塔尖，与处于塔底的广大信众相距遥远，由中间的“中层领导”来进行上下沟通。每个层次都有不同的角色，不同的权力和不同的“知识”，从而构成极为复杂的组织结构。这样一种结构能够使“精神领袖”高高在上，同时又能够有效控制整个组织。而每个信徒都希望能够“上一个层次”，而这将视他们对“精神领袖”的忠诚程度而定。

最后，邪教一定会导致信徒走向极端，作出自杀、集体自杀或谋杀等过激行动。从历史上来看，这已经是邪教的一个规律。

写作训练

1. 著名学者卢新宁在2012年北大中文系毕业典礼致辞上说：“我唯一害怕的，是你们已经不相信了——不相信规则能战胜潜规则，不相信学场有别于官场，不相信学术不等于权术，不相信风骨远胜于媚骨。你们或许不相信了，因为追求级别的越来越多，追求真理的越来越少；讲待遇的越来越多，讲理想的越来越少；大官越来越多，大师越来越少。因此，在你们走向社会之际，我想说的只是，请看护好你们曾经的激情和理想。在这个怀疑的时代，我们依然需要信仰。”你是否同意她的观点，请发表你自己的看法。

2. 约翰 · 列侬在一首名为《God》的歌中唱道：

“I don't believe in Beatles
I just believe in me
Yoko and me
And that's reality
The dream is over
What can i say？
The dream is over
Yesterday”

查找一下这首歌创作的相关背景，对约翰 · 列侬这种“我只相信我自己”的论调加以评价。

3. 墨西哥著名作家富恩特斯写过一本名为《我相信》的书，书中罗列了四十一个他所相信的内容：友谊、爱、巴尔扎克、美、布努埃尔、醋意、电影、上帝、教育经验、家、福克纳、全球化、儿女、历史、伊比利亚美洲、左派、耶稣、卡夫卡、读书、自由、墨西哥、死亡、女人们、小说、奥德赛、政治、吉诃德、革命、性、莎士比亚、西尔维娅、公民社会、时间、城市，乳房、委拉斯凯斯、维特根斯坦、排外、自我、斑马、苏黎世。以此作为启发，先写下十个你所相信的内容，再从中选择你认为最具个性的一个，加以阐述。

第四课　教育要公正

目标导引

你觉得用同一条分数线来衡量城市和农村的学生公平吗？如果在大学招生方案中按照城乡人口的比例来招生，会不会更公正呢？公平和公正的主要区别体现在哪里呢？假如让你来重新设计一个大学招生方案，你会怎么设计呢？美国教育平权运动的经验又可以带给我们哪些启示呢？

思辨现场

1. 穷孩子没有春天？

——《南方周末》2011年8月5日

作者：南方周末记者 潘晓凌 实习生 沈茜蓉 夏倩 刘星 何谦

北京大学教育学院副教授刘云杉统计1978—2005年近30年间北大学生的家庭出身发现，1978—1998年，来自农村的北大学子比例约占三成，20世纪90年代中期开始下滑，2000年至今，考上北大的农村子弟只占一成左右。

清华大学人文学院社科2010级王斯敏等几位本科生在清华2010级学生中做的抽样调查显示，农村生源占总人数的17%。那年的高考考场里，全国农村考生的比例是62%。

不仅仅是北大清华。教育学者杨东平主持的“我国高等教育公平问题的研究”课题组调研得出，中国国家重点大学里的农村学生比例自1990年代开始不断滑落。

2008 年 12 月，总理温家宝在国家科技教育领导小组会议上的讲话《百年大计教育为本》中也感慨，“过去我们上大学的时候，班里农村的孩子几乎占到 80%，甚至还要高，现在不同了，农村学生的比重下降了……本来经济社会发展了，但是他们上高职、上大学的比重却下降了”。

教育学者杨东平的研究显示，农村学生主要集中在普通地方院校与专科院校。以湖北省为例，2002—2007 年 5 年间，考取专科的农村生源比例从 39% 提高到 62%，以军事、师范等方向为主的提前批次录取的比例亦从 33% 升至 57%。而在重点高校，中产家庭、官员、公务员子女则是城乡无业、失业人员子女的 17 倍。

向上流动倍感艰难的不仅仅是农村少年。2004 年，厦门大学教育学院课题组对全国 34 所高校的生源状况进行调查后发现，普通工人阶级子女考入重点高校与普通高校的比例分别减少了 7.9% 与 5.6%。

学者廉思更为人知的身份是“蚁族”概念的提出者与《蚁族》一书的作者。他与团队走访的蚁族，家庭状况与所考入的学校成正比，“出身越底层，上的学校越差”。

连专科都考不上或不愿读的少年大有人在。廉思曾选取了河北一座普通村庄作为研究样本，那儿浓缩了中国基层凋败的模样——马路上平常看不到什么人，一旦闹出点什么动静，一大帮无所事事的年轻人立即呼啦啦地从网吧、桌球室里涌了出来。

看着他们在转型期中国一小片弥漫着尘土与工厂粉尘的土地上挥舞着年轻的肢体，廉思开始觉得，国家的转型在继续，但个体命运的转型，却在陷入停顿。

北京大学副教授刘云杉将农村城市化的进度与农村生源考入重点大学几率下降的速度对比分析得出，前者的速度远低于后者。换言之，农村人口的减少，并非名校农家子弟比例下滑的主要原因。

“这意味着，中国高校扩招后，并没有增加寒门子弟向上流动的机会，”杨东平说，“相反，普通高校文凭的市场竞争力在扩招后越来越弱，寒门子弟改变命运的难度越来越大。”

你觉得现行的大学招生体制中用同一条分数线来衡量城市和农村的学生公正吗？请分条陈述你的理由。

	现行招生体制很公正	现行招生体制不公正
理由 1		
理由 2		
理由 3		

2. 大学要按城乡人口比例招生

萨福克大学历史系　薛涌

薛涌（1961年－），旅美学者。先后就职于北京晚报、中国社会科学院政治学所、1997年耶鲁大学东亚研究硕士、同年进入耶鲁大学历史系博士课程、现为波士顿Suffolk University历史系助理教授。著有《坏民主》《北大批判——中国高等教育有病》《精英的阶梯——美国教育考察》等。

最近的几条新闻，反映了中国教育不公平的问题正在愈演愈烈。首先，一流大学的农村学生比例越来越小。在清华这样的高校里，十名学生中只有两名来自农村。2004年某顶尖大学的新生中，北京学生就占了13.7%，而户籍是农村的新生仅占21%。从总体上看，城里学生考入重点大学的比例是农村孩子的3.5倍以上。另一方面，中国城镇总人口5.77亿人，城镇化水平为43.9%。也就是说，中国的农村人口还占中国人口的大多数，但农村学生在大学生中的比例仅为20%上下。

这种局面，必须立即改变。众所周知，教育是减缓社会贫富分化的最有效的手段。像卡内基等最为信奉市场经济的人，也认为要通过捐助把自己在市场竞争中所获得的财富回归社会，而一个最重要的回归点就是教育。在美国等发达国家，教育已经成为在尊重市场经济原则的条件下为弱势阶层创造机会的主要渠道。大学一般都通过各种渠道向贫困生倾斜。像弗吉尼亚大学这种一流的州立学校，除了特别设置奖学金外，还主动派招生人员到农村，说服农民子弟来读书。

而上面的一系列数据表明，中国的高等教育不仅不是缓解贫富分化的工具，而且在加剧着贫富的分化。目前中国的大部分大学都是国立的，是靠纳税人的钱养活。但是，这样的大学却不给纳税人提供均等的教育服务。中国明明有一大半人口在农村，大学的农村学生比例却仅占 20% 左右，这当然就是让公共资源向比较富裕的城市人口倾斜。

在目前的体制下，解决这一问题的最简单的办法，莫过于国家明令各大学按城乡人口比例招生，农村学生的比例必须在 55% 以上。达不到这一指标，国家将按比例扣除大学的教育拨款。这样，城乡高考的录取就有了两条不同的线，保证了农村学生接受高等教育的机会。

这样的政策，首先一个好处是创造了教育公平。一般而言，受过高等教育的人，未来的收入要比没有接受高等学校的人高许多。当高等教育由国家资助后，我们就面临这样一个道德困境：国家固然应该支持高等教育，但是，国家凭什么通过税收和教育拨款等方式，把比较穷困阶层的资源转移到了比较富裕的阶层手中，使他们获得了受高等教育的机会？这很难避免贫者愈贫、富者愈富的趋势。所以，美国著名的社会学家 Jerome Karabel 不久前干脆提出，要通过抽签的方式决定谁有资格上大学。因为现在美国的考试制度，已经给了富裕阶层太多优势，甚至有百万美元打造"常青藤"的敲门砖之说，即富裕家庭不惜工本送孩子上各种班，请各种家教、顾问，使自己的孩子在大学申请的竞争中立于不败之地。尽管美国大学纷纷在提供奖学金之外给弱势学生降低分数，还是有些"胳膊拧不过大腿"的感觉，富家子弟在大学生中的比例越来越高。这是当前美国高等教育的最大危机之一。

中国的情况则严重得多。中国城乡的贫富分化，早已经被城乡隔离的户籍制度给扩大了。甚至有主流经济学家提出基尼系数要城乡分开算。这一主张的荒唐性且按下不论，此论至少透露了城乡差距之大已经不像是一个社会了。然而，中国改革的大趋势，是城乡交流、融合的日益加深。弥合城乡之间的鸿沟，是改革面临的最大挑战。要弥合这一鸿沟，最有效的方式是从下一代开始，从教育开始。

第二，这一政策的实施，也会给中国的经济发展带来实际的好处。中国未来几十年面临着两大挑战：一是人类历史上最大的从乡村到城市的移民，使大量农民变成城市的产业大军；一是企业的升级，即从劳动力密集型、廉价型的经济，向高技术、高附加值的经济过渡。对应这两大挑战的关键，就是把大量的农民工在短时间内训练成高技术工人甚至专家。过去二十多年，中国高等教育的一个最大失职，就是完全忘记了这一使命。农民工进城后不仅得不到任何教育上的帮助，反而在子女就业等问题上受尽歧视。这就造成了发源于农村的中国流动人口的教育和技能的低下，使他们无法成为企业升级所需要的劳动力。大学按城乡人口比例招生，则多少弥补了这一重大的失误，使一部分农村人口，在很年轻的时候就接受大学教育、适应城市的生活，进而成为更有创造力的劳动力大军。

俗话说，没有耕耘就没有收获。中国目前处于高速的城市化进程中，农村人口出生率高，城市人口老化。为二十年后的中国提供劳动力的，主要是现在的农村人口。不在这些人口身上投资，未来就不要想从他们那里得到回报。所以，目前中国大学在招生问题上，必须走农村包围城市的路线。

你是否同意薛涌教授的观点。请发表你的看法。

	同　意	不　同　意
理由 1		

理由 2		
理由 3		

概念辨析

“公正”与“公平”之辨

——《光明日报》2007 年 8 月 14 日

作者：吴忠民

平等并不意味着公正

这是平等　　这是公正

由于公正与公平这两个概念有些相近，以至于不少论者在许多场合交替使用这两个概念，将这两者当成一回事。甚至有人把“社会公正”和“社会公平”混为一谈。因此，有必要对“公正”和“公平”加以辨析。

在英文中，公正为 justice，公平为 fairness，写法的不同说明了两者之间是有差别的。英文 justice（公正、正义）一词尽管也包括公平尺度的意思，但其重点是在公正、正义的价值取向方面；英文 fairness（公平）一词的侧重点则在于公平尺度。无独有偶，在中国古代，公正（正义）和公平也是有细微差别的。正义、公正意味着正当。正义、公正往往是同“义”或“直”直接相连的；公平则是“一碗水端平”、“不偏不倚”的意思。《说文解字》中的理解是，“正，是也”，“公，平分也”。这里，显然是将公正(正)当成一种应当的价值取向，而将公平(公)视为一种“不偏不倚”的行为。《辞源》对于公正的解释是“不偏私，正直”；对于正直的解释是“不偏不曲，端正刚直”；而对于公平的解释则很简洁“不偏袒”。

显然，公正和公平这两个概念有广义和狭义之分。广义上的公正和公平的概念是人们平时的习惯用语，意思差不多，可以通用。但广义上的公正和公平的概念不宜用于正式的场所。而狭义上的也就是严格意义上的特别是理论层面上的公正和公平这两个概念，则各自有着明确的含义，两者之间存在着一些明显的差别。

所谓社会公正，就是指“给每个人他（她）所应得”；而所谓社会公平，则是指对待人或对待事要“一视同仁”。显然，公正带有明显的“价值取向”，它所侧重的是社会的“基本价值取向”，并且强调这种价值取向的正当性。而公平则带有明显的“工具性”，它所强调的是衡量标准的“同一个尺度”，即：用同一个尺度衡量所有的人或所有的事，或者说是强调一视同仁，用以防止对于不同的人不同的事采取不同标准的情形。至于尺度本身是不是合理、正当的，公平就不予以考虑了。所以，凡是公正的事情必定是公平的事情，但是公平的事情不见得是公正的事情。这是公正和公平的最为重要的区别。

从实际的社会生活领域来看，公正和公平的区别比较明显。比如，“金融大鳄”索罗斯前些年在东南亚金融市场上的所作所为，就其个人行为来说，应当承认索罗斯本人遵循了证券市场“公平”的游戏规则。但是，无论是就其动机还是就其结果来看，索罗斯的这种做法有悖于公正的要求。

正是由于缺乏公正的基本价值取向，因而索罗斯是通过“公平”的游戏规则而直接引发了东南亚的经济灾难，直接损害了社会公正。这个事例说明，公正和公平并不完全是一回事。

罗尔斯著名的“公平的正义”的命题实际上也说明了公正和公平之间的区别。为了确立一种真正的、没有任何偏见的、不受任何群体利益左右的社会正义、社会公正的理念，罗尔斯设定了一种纯粹的、纯净的背景条件——“无知之幕”。罗尔斯指出，所谓无知之幕，是“假定各方不知道某些特殊事实。首先，没有人知道他在社会中的地位，他的阶级出身，他也不知道他的天生资质和自然能力的程度，不知道他的理智和力量等情形。其次，也没有人知道他的善的观念，他的合理生活计划的特殊性，甚至不知道他的心理特征……再次，我假定各方不知道这一社会的经济或政治状况，或者它能达到的文明和文化水平”。罗尔斯试图通过这种方式，“旨在建立一种公平的程序，以使任何被一致同意的原则都将是正义的”。(【美】约翰·罗尔斯:《正义论》，中国社会科学出版社 1988 年版，第 131 页）由此而产生的正义、公正的理念就是“公平的正义”。

尽管罗尔斯有时也将公平和公正混同，但在其具体的论证、解释过程中,仍然明白无误地说明了公正和公平各自的功能及定位。罗尔斯通过“无知之幕”这种“公平的程序”产生正义、公正理念具体内容的做法实际上说明，作为一种工具、技术层面上的方法而言，公平是十分有效的。罗尔斯的“无知之幕”亦即价值无涉做法的目的在于，使人们在确定基本价值取向的过程中最大限度地减少个人的偏好而坚持价值无涉的态度。罗尔斯主要是在这个意义上使用公平的概念。虽然“无知之幕”在现实社会当中是不存在的,但是这种“公平”的做法确实可以起着一种限定各个“自我”的作用，使公正、正义理念具体内容的形成过程呈现出客观、真实的状态，使最终得以产生的公正、正义的价值观更加容易让人接受。这种做法同时还说明，公平是为公正服务的，公平应当从属于公正。

就公正和公平的关系而言，基于上述的分析，我们不难形成这样的看法：其一，两者的功能定位不同。由于公正强调价值取向的正当性，所以，它不仅重视事情现有的状况、结果是否符合公正的要求或规则；同时为了保证事情的现状、结果的公正性，公正还必须重视造成、产生这种现状、结果的程序公平性问题，而程序公平的一项最为重要的内容便是必须遵循"同一标准"亦即公平的准则，用以防止某些社会成员以双重或多重标准来满足自身的私利却损害其他社会成员的利益，从而造成一种有所区别对待的不公正的社会状态。正因为如此，所以公正当中必定包含着公平。同公正相比，公平则要简单得多。公平强调客观性，带有价值中立的色彩，工具性强,或者从一定意义上讲,它只是操作层面的事情。公平只需遵循"同一标准"的规则。所以，有时公平的事情未必是公正的事情。其二，公正、正义的基本价值取向决定着公平的正向意义。如果没有公正、正义的基本价值取向，就不会有真正意义上的公平即正向意义上的公平，剩下的可能只是"公平"的游戏规则。这时"公平"的游戏规则只是具有中性的意义，它只是指同一游戏规则之下的一视同仁。至于这种游戏规则的依据是什么，它有可能会产生什么样的社会效应，则往往不是当事人所关注的事情了，而是视具体的人和事而异。一旦社会丧失了公正、正义的基本价值取向，怀有种种企图的人或群体特别是居于优势地位的人或群体，有时便可借口公平的规则而将有利于自身却有损于他人的做法付诸实施，从而造成有损社会公正的结果。可见，有时依据"公平"的游戏规则却有可能给社会带来程度不同的负面影响。

社会公正是和谐社会的本质特征和基石，是现代社会的基本价值取向，是现代制度设计和安排的基本依据。维护和促进社会公正是和谐社会建设的核心内容。正因为如此，准确、慎重使用社会公正的称谓是一件十分重要的事情。如果将社会公正和社会公平这两个概念混同起来，便会使人们对于社会公正的理解出现一定的偏差，并产生一些不必要的误导。有鉴于此，应当用社会公正的称谓取代社会公平的称谓。如果实在要用社会公平这一称谓，不妨将社会公平和社会正义这两个称谓组合在一起使用——“社会公平正义”，大致也等同于社会公正称谓。

批判思维

1. 让出身不再决定命运
——美国教育平权运动40年

——《南方周末》沈茜蓉

在纪录片《等待超人》中，来自美国洛杉矶市的西班牙裔小女孩黛西面临这样一个难题：她梦想成为一个兽医，这个梦想要从学好8年级的数学开始——然而在她所在社区的史蒂文森初中，只有13%的毕业生数学是合格的；而在史蒂文森的直升高中罗斯福中学，只有3%的毕业生成绩可以达到申请四年制大学的最低标准，57%的学生甚至无法毕业。

类似的命运不只降临到黛西一个人身上：约翰霍普金斯大学的教授罗伯特·拜耳凡斯将像罗斯福中学这样，有40%以上学生不能按时毕业的高中称为“辍学工厂”，这样的“工厂”在全美有2000所以上。

你所在的地区有100所公立中学，却只有1所“明星学校”。假如你不在那个社区，父母又没钱送你去私立学校，就只好困在自己社区的中学里。在这里，要与那些家庭背景良好、享受优越教育资源的白人孩子公平竞争上大学，几乎难于上青天——这就是美国“穷二代”被复制的逻辑，与世界任何地方并无二致。

然而，在过去的四十多年中，美国的精英阶层发起的一场教育平权运动，正在使强势群体自觉地为弱势群体做出牺牲，以实现平等的梦想，并为美国社会注入持续不衰的活力。

让落后者先起跑

刚刚就任美国驻华大使的骆家辉时常提起他的早年经历——1968 年，他从西雅图的一所公立高中毕业，考进了耶鲁大学。对他而言，这个转折有改变命运的意义——他出生在种族歧视十分严重的 50 年代，身为退伍军人的父亲却找不到工作，全家租住在 6 平方米大的公屋中，小骆家辉连一句英语都不会说。

好运降临在他要考大学的 60 年代，一场声势浩大的平权运动在全美展开，国会于 1964 年通过了《公民权利法》，并在此基础上制定一系列被统称为“肯定性行动”的法律，规定少数族裔和弱势群体在招工、入学、企业竞争中受到“优先照顾”。

作为民权运动的大本营，全美高校积极响应，在那一时期招收了大量少数族裔和低收入家庭的学生，就是在这样的背景下，骆家辉进入了耶鲁大学。

这样的“优先照顾”，甚至让白人学生认为受到了“反向歧视”：1972 年，被加州大学戴维斯分校医学院拒绝的白人学生艾伦·贝基发现在医学院当年录取的 16 个名黑人和其他少数族裔学生中，绝大多数人的 GPA 和 MCAT（医学院必备标准考试）成绩远远不如自己。他一怒把加州大学一直告到了最高法院。最高法院虽然判定加州大学必须录取贝基，却认为大学“有权实行一些使学生来源多元化的政策”。

最高法院首位黑人大法官瑟古德·马歇尔更是在意见书中一针见血地指出：“美国黑人的经历与其他族裔群体的差别不是程度上的，而是本质上的。”要弥合这种差别，强势群体必须将自己的一部分利益让给弱势群体，在激烈的自由竞争中，让落后者先起跑。

这个法案在而后的30年中产生了决定性的影响：在1965—1995年间，美国黑人家庭达到中产阶级水平的比例从18%上升到40%，在管理和技术领域中的就业率增加了两倍；到1997年，黑人、西班牙裔人、印第安人和阿拉斯加土著人占大学生总数的比重已经只略低于其人口占总人口的比重。

把帮助的起点再提前

1985年，温迪·库普从得克萨斯一所著名的私立中学考进普林斯顿大学。入学以后，她发现一个奇怪的现象：自己觉得很简单的功课，她来自布鲁克斯地区（纽约著名的黑人区）一所公立中学的室友却觉得很难。

这个困惑成了她大四论文的题目，研究中她发现，是因为公立中学的低教学质量导致了这种差别，而公立中学恰恰是少数族裔和低收入家庭学生聚集的地方。一个明显的事实摆在她面前：虽然弱势群体的学生可以因为"优先照顾"进入大学，但他们此前获取的教育资源远远少于强势群体——要实现真正的公平，帮助的起点还要提前。

1989年，库普大学毕业，她创办并和未来的丈夫、哈佛毕业生理查德·巴斯发展了公民组织"美国援教"（Teach For America）。后来，巴斯用一句话解释他们最初的动力："为什么在美国，出身还可以决定命运？"

在二十多年间，"美国援教"共有过一万四千多名成员，他们大多和巴斯夫妇一样，毕业自"常春藤"大学，在签订2年的服务合约之后，自愿到教育质量最差、最贫困、社会问题最多的社区任教。

这些充满活力的年轻人给信心低落的"辍学工厂"带来了希望。尽管2/3的人会在2年服务期满后离开，进入其他行业，但他们以其他方式继续贡献——现在，"美国援教"每年接受来自高盛、谷歌、盖普等众多公司以千万美元计的捐赠；还有1/3留了下来；成为教育改革的推动者，其中就包括后来创办了全美最成功的特许学校体系KIPP（The Knowledge is

Power Program“知识就是力量”项目）的大卫·莱分和麦克·芬博格。

让每一个孩子上大学

如果说公立学校系统是“穷”孩子别无他选之下必须要吃的“大锅饭”，特许学校的设立就是给了他们选择“开小灶”的权利。这类学校虽由政府按人头拨给教育经费，却交给私人经营，不受一般教育行政法规的限制。KIPP 学校体系，就是其中最成功的代表。

如果你走进位于 KIPP 在休斯敦大本营的 KIPP 学校，会觉得这里更像一座“军营”，而不是公立学校：学校里井然有序，安静得出奇；教学楼里的柱子上写着“没有捷径！”的标语；不同肤色的孩子穿着统一的 T 恤，上面写着“2024 班”——那是他们将进入大学的年份，从进入 KIPP 小学的第一天起，他们就被告知自己一定可以进入大学。

1994 年，大卫·莱分和麦克·芬博格在休斯敦贫民区对 50 个失去信心的“穷孩子”开始了第一个 KIPP 班级的尝试，他们将“一分耕耘一分收获”的朴素理念转化为“军营”模式：从上午 7：30 到下午 5：00 为集中课程和活动，之后还有 2 个小时做作业；周末要补课，假期也有特别训练；老师手机全天开机，等待任何“求助”——KIPP 的设计者相信，要扭转“穷孩子”的恶性循环，就要让他们尽可能地摆脱家庭的影响，通过 KIPP 得到更多资源。

“穷孩子”的命运确实被改变了：根据 KIPP2011 年 4 月发布的报告，89% 的 KIPP 学生进入了大学。这些孩子大多是自己家庭中几代里第一个上大学的——KIPP 的学生有 95% 是黑人或拉丁裔，85% 来自低收入家庭，而全国平均来看，这样的孩子 100 个里只有 7 个可以从大学毕业。

目前 KIPP 在 21 个州和地区开设了 109 所分校，受惠的“穷孩子”超过 32 000 个。而从 1990 年，特许学校在公立学校系统改革受阻的背景下兴起至今，已经有 5 000 所在全美各地展开过尝试。

“美国援教”和 KIPP 带来的“鲶鱼效应”，已经冲击了陈旧的公立学校体系，并引起联邦政府的行动：布什在2002年签署的《不让一个儿童掉队法》要求各州政府追踪每一个孩子的阅读、科学与数学成绩，确保在2014年之前达到熟练水平，“没有一个人掉队”；而奥巴马上任后，干脆将联邦政府对于特许学校的拨款增加了一倍。

在更大的背景里，“让每一个孩子上大学”的目标正应对了美国人在全球分工时代的远大预见——公立学校系统曾经为美国培养了大量的劳工阶层，而现在，这样的工作机会早已被转移出国，未来美国年轻人的目标应该是政治、商业、科技领域的全球领导者。

在奥巴马上任之后，大卫·莱分和麦克·芬博格在向新总统的联名信中写道：“奥巴马政府应该有打破成见的目标：在十年内让每一个美国孩子都能上大学或获得职业教育，这将会给他们带来非比寻常的人生机会——在这样一个全球竞争的时代。”

2. 分配正义

——摘自智库百科

古希腊哲学家亚里士多德将正义分为分配正义（Distributive Justice）和校正正义（ Compensatory Justice ）。分配正义涉及财富、荣誉、权利等有价值的东西的分配，在该领域，对不同的人给予不同对待，对相同的人给予相同对待，即为正义。与之对应，校正正义涉及对被侵害的财富、荣誉和权利的恢复和补偿，在该领域，不管谁是伤害者，也不管谁是受害者，伤害者补偿受害者，受害者从伤害者处得到补偿，即为正义。分配正义基于不平等上的正义，而校正正义则基于平等的正义。

关于分配正义问题可以追溯到亚里士多德时代，但最具代表性的人物是罗尔斯和诺齐克。罗尔斯认为，社会生活中通常存在着三种分配模式，即“按贡献分配”（实质上是一种以效率为优先考虑的分配制度）、“按努力分配”（克服了按贡献分配的缺点，接近按道德应得分配）和“按需要分配”（接近于平均主义的分配），这三种分配模式只能作为社会某一部分通行的“准则”，不能作为指导整个社会分配的原则。罗尔斯企图超越这三种模式而建立一种程序性的分配正义，他在《正义论》中提出了自己的分配正义主张和原则。他强调：所有的社会基本善—— 自由和机会、收入和财富以及自尊的各种基础等—— 都应该被平等地加以分配，除非对其中一些或所有这些基本善的不平等分配，会有利于最少受惠者。他由此引申出两个关于正义的原则，即基本权利平等、基本自由优先的原则和表现出强烈平等主义倾向的差别原则。

诺齐克在他的《无政府、国家与乌托邦》里提出非模式化的历史原则——权利原则，以反驳罗尔斯的差别原则。他认为，罗尔斯的差别原则是一种模式化的历史原则，它是按照某一个确定的方面、某一个确定的标准或几个方面的平衡总额来衡量和分配的，由此得到的结果就是模式化的分配，这种模式分配会造成不断地干涉个人生活，侵犯个人权利。在分配正义问题上，诺齐克与罗尔斯争论的主要焦点是在经济领域中的自由与平等的矛盾：是不惜牺牲某些人的个人自由权利以达到较大的社会经济平等，还是宁可让某种不平等现象存在也要全面捍卫每个人的自由权利。一般地说，罗尔斯的理论倾向于前者，而诺齐克的理论则倾向于后者。我国自改革开放以来也开展了对分配正义的讨论，有些人持功利主义的分配正义观，有些人则持道义论的分配正义观，还有些人提出初次分配应以效率为准，再次分配应兼顾公平。

基于分配正义的内涵，接下来的问题则是分配正义是否可能及如何实现的问题。就前者而言，在于分配正义成立的三个前提性条件是否能够满足：第一，分配之客观基础是可能的，即分配作为一种统一设计的制度安排是可行的；第二，分配之道德基础是可能的，即影响人们生活的非可控因素所导致的不公正应该被矫正；第三，分配的资源基础是可能的，存在社会成员达成共识的某种分配物品。

罗尔斯主义从“原初状态”和“理性构建主义”、对非个人可控运气进行校正以减少自然偶然因素和社会基于的任意影响、整个社会存在共同欲求的目标并且社会能够就此达成一致三个方面对以上问题做了回答，坚信能够通过实施“分配正义”保证公民的自由与平等。

从我国当下的社会条件来看，各种分配问题日益突出，人们的不满情绪持续高涨，基于效率和自由价值组合的收入分配正义内涵不再满足社会的需求，地位呈现逐渐下降趋势。而以平等和公平组合的分配正义价值内涵逐渐获得人们的普遍认同。因此，我国当前分配正义的基本内涵应该是以平等和公平的正义规范为主导，并在一定条件下促进自由和效率的均衡。财税法改革的思路和方向则是重新评估我国收入分配中分配正义的内涵构成及其位阶，提高公平价值在分配正义中的比重。

写作训练

1. 上海戏剧学院教授孙惠柱在《教育的“天之道”》一文中主张：“在教育经费向 4% 迈进之时，给农村大学生减免一半学费。这未必完全公平，但至少是向‘天之道’迈出一小步。老子曰：天之道损有余而补不足。人之道则不然，损不足以奉有余。”你是否同意他的观点，说说你的理由。

2. 假设你来自于火星，突然被扔到中国，你可能被扔到北京这样的大城市，也可能被扔到河南这样的内地省份，甚至可能被扔到西藏这样的边疆地区。不幸的是，你被扔到中国去的使命，就是去上中学，然后高考。

你被扔到这三个地方的概率一模一样，各 1/3。这个时候，让你来设计一个理想的高考分数线制度，你会怎么设计？

3. 罗尔斯在《正义论》中提出的正义两原则中的差别原则,其核心是：一个正义的制度性安排应当关注、帮助弱者，这主要通过社会二次分配的方式加以解决。你觉得在教育资源的配置上，当前最迫切的教育问题是什么，应该进行怎样的改革？

第五课　为什么贫穷

目标导引

上图是2012年底在全球最受关注的纪录片——《为什么贫穷》的海报，在全球180个国家播出，收视人群超5亿。享誉国际的纪录片导演们，以“为什么贫穷”为共同题目，拍摄了每集一小时共八集的纪录片，让世界共同思考贫穷问题，探讨全球10亿赤贫人口的过去与未来，尤其是探讨中国读书致贫的第八集值得关注。你是如何看待贫穷的根源这个问题的？为什么在科技发达的20世纪的人类历史上多次发生饿死几百万人的大饥荒这种极端的贫困状况？你认为消除贫困的最佳途径是什么？

思辨现场

1. 城乡不平等的起源

——熊培云《一个村庄里的中国》

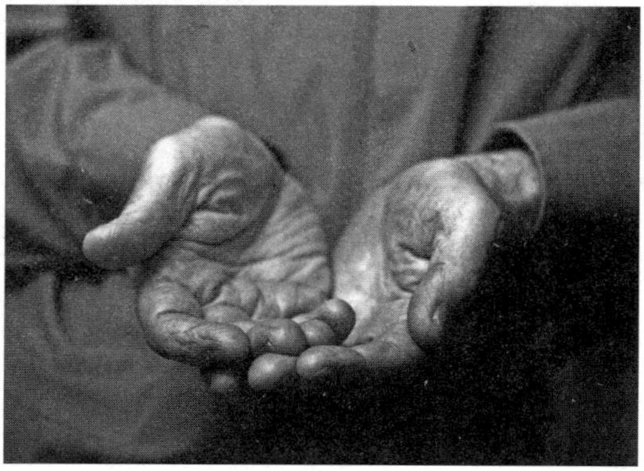

2003年，我在法国一期杂志上看到有关中国腾飞的专题报道，封面用的是电影《卧虎藏龙》里的章子怡，但见这位东方姑娘一袭轻衣，足踏火箭——中国何等速度！然而事实上，谁都知道此时的中国早已经成为一个“悖论王国”：口号与行为、主义与顺口溜、东部与西部、赤贫与豪奢、白领与黑领、城市里的新留学运动与农村的失学大军，农民进城与贪官外逃，生活于底层的人更自嘲是“赚买白菜的钱操卖白粉的心”……

中国城乡之间的巨大差距有目共睹，在20世纪80年代中期，中国城市居民与农民的收入差别达1.8倍，到2004年，城乡收入差别扩大到3.2倍，而到了2007年，虽然几年间国家加大了对农业的投入，但是这个差距继续扩大到3.33倍。而且，这是一个以户籍人口为标准进行统计的数据，如果以职业人口为标准进行农业、非农业人口收入的数据统计，差距势必更大。要想了解中国城乡差距的真实状况，就应该把2亿多农民工的非农收入计入城市居民收入而不应该计入农村居民收入。

如今回到乡下，偶尔你也会看到有些人家也用起了空调、彩电和冰箱，中国乡村在物质上获得进步是显而易见的，然而需要说明的是，这些电器通常都是家庭成员外出打工所得，而非来自国民待遇“在野派”的居家劳动。更何况，就目前的农业生产本身而言，种地赔本的事情并未完全消失。近年来的乡村变化真应了那句话：农产品价格比眉毛长得还慢，而农资价格长得比胡子还快。最让农民心理不平衡的还有，国际农产品价格上涨却有着西洋胡子的速度。也正是这个原因，早已意兴阑珊的农民只把农村当作安顿生活的后方而非谋生之地，无论是自己种地还是将田租给别人种，通常也只是收点口粮。在此情形下，农村土地大量抛荒，自然在所难免。

至于当年我曾经见证过的几家权倾田野的粮站，如今早已经荒弃凋敝，蒿草满街。不但不见满头大汗前来送粮的农民，甚至连从前颐指气使的“白军”也都已经逃之夭夭。灶台还在，铁锅无存，屋舍的内墙也已经爬满了爬山虎。随着中国粮食流通体制多年来的改革，购销市场化的推行，民营的粮食购销企业和个人在基层得到迅速发展。尽管农产品低价依旧雷打不动，但只要市场放开了，各路提着麻袋和秤杆走村串户的贩子也会有竞争意识，农民因此可以做到表面上的“养尊处优”，只等他们上门收购。过去那种在粮站苦等几天卖不掉粮食的情况已不复存在。

一个悄然的变化是，炎热的夏天，原先是终于失去耐心的农民与粮站里的“白军”大打出手，而现在这种打斗则主要发生在抢生意的贩子之间。我在前文提到的当年那位扒光“特务家属”的衣服，推着她满地打滚的书记，离任后也做起了贩子。有一年，他在附近某个乡里收购花生，被当地一伙花生贩子打了个半死。由于身体本来有病，没过几年，这位曾经盛极一时的书记不到六十就死了。

谈到城乡不平等，卢跃刚先生曾经打过一个生动的比喻：一驾向前奔跑的马车，上面本来坐着两个人，一个是城里人，一个是乡下人，他们同是马车的主人。后来，车跑不动了。老实巴交的乡下人就下去推车。马车又开始向前跑。可是城里人只顾自己风光，忘了把乡下人拉上车。车越跑越快，筋疲力尽的乡下人被远远抛在后头。乡下人努力地追上去，可他发现，车上已经没有了他的座位。城里人永远驾车在前面跑，乡下人永远在屁股后追，久而久之，便形成了一种规矩：乡下人想搭车，要看城里人脸色。乡下人这才大梦初醒：自己成了苦力，成了一个只会“种庄稼的怪物”，马车已经不属于他了。

你认为造成城乡不平等的主要根源是什么？请分条陈述你的理由。

	造成城乡不平等的根源
理由 1	
理由 2	
理由 3	

2. 做大蛋糕，还是分好蛋糕?

——摘自喻小果博客　作者：喻小果

近来网上有“做大蛋糕”和“分好蛋糕”的争论，并因此划分所谓的左右派。我以为做大蛋糕和分好蛋糕根本就不是区分左右派的标准。这里我也不再讨论左右派的是是非非，仅就“做大蛋糕”和“分好蛋糕”作些抛砖引玉之见。

做大蛋糕好比我们期盼的远大目标，而分好蛋糕则是做大蛋糕的游戏规则，我们既要做大蛋糕，又要分好蛋糕，二者并不是对立和割裂的，相反，分好蛋糕才能做大蛋糕，分好蛋糕就是做大蛋糕的强大动力。如果在做大蛋糕之前不讲好分好蛋糕的规则，则做大蛋糕更像是一场骗人的鬼把戏。而口口声声说什么做大蛋糕后再讲分好蛋糕，则不过是蛊惑人心的吊胃口式的伎俩，不足为信！我们姑且把做大蛋糕看成一种投资，大蛋糕就是未来的期值，而分好蛋糕无疑是投资分红规则。试问，一个企业在进行一项投资时，如果不制定好分配规则，有谁会相信？有谁会来投资？俗话说得好，亲兄弟也得明算账！你凭什么拿做大蛋糕来愚弄投资人？只有制定了好的分蛋糕的规则，才能充分调动人们的积极性，蛋糕才有可能做大。否则，做大蛋糕不过是一句空话，很有可能夭折。所以，分好蛋糕才能最终做大蛋糕。

分好蛋糕关键在“分好”，而不是“分完”，我十分鄙视某些所谓经济学者试图攻击某人时把“分好蛋糕”曲解为“分完、分光资产”，连再生产资料都不留，所以经济发展难以为继。这些学者还自鸣得意，以为抓到了软肋。我想问一下，谁说了“分好蛋糕”就是分光、吃光、用光，恰恰相反，分好了蛋糕就如同现代股份制企业按股分红的机制，能激励人们为多分蛋糕而继续努力做大蛋糕。分好蛋糕也不等于平均主义，“分好”就是让各阶层都相对满意的一种最佳的分配方案，原则上同样是多劳多得、按出资分配同时兼顾低层人群的公平的分配机制。

如果仅谈做大蛋糕而不谈分好蛋糕，就算要老百姓相信，那也是有时间限制的，一年？两年？做大了你不分配，蛋糕操纵在少数人手中，供少数人享用，你说，受骗一次，谁还会继续受骗？所以光讲“做大蛋糕”是绝对没有市场的。我宁可要分得好的小蛋糕，也不要虚幻的不现实的大蛋糕。何况，我要的小蛋糕才会真正做大！

所以，分好蛋糕和做大蛋糕其实并不矛盾，矛盾的是某些公知、精英人为地将它们割裂开来，不知安的是什么心？更卑鄙的是以“做大蛋糕”自封改革派，把“分好蛋糕”扣顶“文革”帽，这简直就是是非不清、黑白不辨。按理说，“分好蛋糕”不更符合现代企业制度、市场经济吗？一味“做大蛋糕”而分配有失公允甚至窃取胜利果实难道不更像计划经济时代人人是主人而人人都不为其负责的落后的观念和片面追求做大做强超英赶美式的违背现实的错误之举吗？到头来，不仅蛋糕做不大，而且连做蛋糕的本都丢掉，那才悲哀！

你是否同意作者关于“做大蛋糕”和“分好蛋糕”并不矛盾的观点？你认为应该“先做大蛋糕”，还是应该“先分好蛋糕”，请就此发表你的看法。

	同意先做大蛋糕	同意先分好蛋糕
理由 1		
理由 2		
理由 3		

概念辨析

1. 权利分析法

——摘自小猪嘟嘟的博客　阿玛蒂亚·森《贫困与饥荒》读书报告

在《贫困与饥荒：论权利与剥夺》一书中，阿马蒂亚·森向从未遭到质疑的传统观点提出了挑战。传统观点认为造成饥荒最重要的原因无非是食物短缺，故往往发生在旱灾或洪涝灾害之后。但森通过对 1940 年以来发生在印度、孟加拉和非洲撒哈拉等贫穷国家和地区数起灾荒的实证研

阿马蒂亚·森（1933年－ ）出生于印度孟加拉湾，1955年在英国剑桥大学获得博士学位，其后先后在印度、英国和美国任教。1998年离开哈佛大学到英国剑桥三一学院任院长。因为在福利经济学上的贡献获得1998年诺贝尔经济学奖，被称作“经济学界的良心”。著有《贫困与饥荒：论权利与剥夺》《理性与自由》《以自由看待发展》等。

究，发现事实并非如此简单。森在9岁时曾亲身经历了1943年孟加拉大饥荒，这次饥荒造成了三百万人死亡。如此巨大的人口损失，经他后来研究，是完全可以避免的。他指出，当时的印度有着充分的粮食供应，只是由于大量的农工失去工作，贫穷如洗，从而失去了购买能力，粮食的分配途径因此而被阻断。

通过审慎考察近年发生的重大饥荒的环境条件和形成机制，阿马蒂亚·森指出，在许多饥荒的实例中，食物的供应能力实际上并未显著减少；而是社会和经济因素，如工资降低、失业、食物价格昂贵、食物分配系统崩溃等，造成社会中某些群体的人们陷于饥饿。换句话说，饥荒的形成并非现实世界中不存在足够的粮食，而是一些人未能得到足够的粮食而陷入饥饿——即这些人的粮食消费权利被废止了！而这样的饥饿群体，总是无钱无权的底层民众。森用他少时的经验告诉我们，灾荒年代受苦最深，乃至大量死亡的，永远是在社会阶梯上处于低端地位的人，特别是那些农业劳动者。他们处于完全无法采取行动的状态——既无从获得食物，也无力逃避灾祸。森的结论是：饥荒不仅源于食物的缺乏，更源于食物分配机制上的不平等。

饥荒既然多属人祸，那么它就不是不可通过尽人事以求避免的。饥荒出现的时候，也正是需要政府积极发挥职能的时候。由于饥荒的主要受害者是穷人，政府便可通过适当的就业方案，如实施某些公共工程等，提高穷人的收入，使他们有能力购买食物，同时严格平抑物价，使之保持稳定，从而防止饥民产生乃至死亡。即使是最贫穷的国家，只要政府采取了得当的干预措施，也能顺利度过严重的水旱灾荒。1973 年的印度，80 年代初期的津巴布韦和博茨瓦纳，都是例子。政府对人民遭受灾难的反应，取决于它受到的压力，投票选举、批评、抗议等行使政治权利的方法，都是施加压力的手段。只要政府认真努力，饥荒实际上不难预防。面对选举、反对党和独立报纸，一个民主政府除了竭尽全力，采取合理的救灾手段以外别无选择。相反，非民主国家易于发生灾难，致使哀鸿遍野，就在于受难者没有地方发出他们的声音。印度的最后一次饥荒发生在 1943 年，而自 1947 年独立，有了多党制和新闻自由之后，便和其他民主国家一样，再也没有出现过某些专制社会、殖民地、一党制或军事独裁国家一再出现的大饥荒。

森是一位坚定的政治自由的捍卫者。他相信在运转正常的民主制度下面，饥荒是不会发生的，因为那里的国家领导者必会更为负责地听取公民的要求。总之，森的结论是明确的："事实是显著的：在骇人听闻的世界饥荒史上，从来没有一个独立、民主而又保障新闻自由的国家发生过真正的饥荒。无论找到哪里，我们都找不到这一规律的例外。"

阿马蒂亚 · 森在《贫困与饥荒》一书的第一章即明确表述：要说明饥饿现象，必须深入研究所有权的结构；要理解饥饿，必须把饥饿问题放在权利体系中加以分析。据此，他构建了一个在私人所有制市场经济中的典型的权利关系：以贸易为基础得到的权利、以生产为基础的权利、自己劳动的权利以及继承和转移权利。其中"贸易"即交换权是基础，是最直接的权利，而其他三项即生产、劳动、继承和转移则是间接权利。二者共同决定了一个人有能力获得的商品的组合，所有权的组合被称作"自然禀赋组合"。如果某人的自然禀赋组合中没有包含足够他维持最低生存的食物，他必须或多或少地仰赖于交换权利。森依据这一"权利路径"来对为什么会有饥荒，什么时候会有饥荒予以探索，从而也是对“什么人能支配粮食、能支配多少粮食”进行考察，从而得出“饥荒并不源自大规模的粮食减产，而是来源于突然的权利失败”这一解释，并进一步引申出一系列的社会政策，包括社会保障制度。

根据阿马蒂亚·森的权利路径理论，权利结构包括四个部分，其中的基本权利即交换权利“不仅仅依赖市场交换，而且还依赖于国家所提供的社会保障”，“社会保障系统建立之后，失业者可以得到‘失业救济金’，老年人可以得到养老金，贫困人口则可以得到一定数量的‘贫困救济金’”，“社会保障系统会影响到每一个人可以控制的商品组合”。

（一）社会保障是最低限度的交换权利

阿马蒂亚·森指出，当饥饿现象发生时，社会保障系统尤为重要。一些富裕的发达国家之所以成功地避免了饥荒发生，靠的不是平均高收入，也不是普遍富裕，而是由其社会保障系统所提供保证的最低的交换权利。同时，他还以中国为例再次证明了自己的观点，“饥饿的消失反映了权利制度的变迁，社会保障系统的建立以及——更为重要的——通过就业保障制度来保证人们能够挣得足以避免饥饿的工资”。由此可见，饥荒虽不是社会保障研究的直接内容，但当社会保障制度作为一种最基本最低限度的交换权利，它的存在与否却会直接影响饥荒乃至贫困的发生，从而也从一个新的角度解释了社会保障制度与贫困之间的关系，为建立和完善社会保障制度提供了强有力的理论依据。

（二）社会保障应该以平等为原则

在社会保障原则方面，森旌旗鲜明地主张一种平等保护的社会保障制度。这是我们更应该重视的。中国目前的社会保障制度并不是公平的，相反则是严重不平等的。中国长期以来实现城乡分割的二元体制，体现在社会保障上，便是大量农村户籍人口无法享受到城市人口所能享受到的社会保障，社会保障变成城里人的一项特权。虽然我们现在已经或正在为农村居民建立养老保险、农村新型合作医疗，并致力于为进城务工的农民工群体建立适合其群体特征的社会保障制度，但是长期的理念及历史遗留问题导致困难重重，且呈现出“碎片化”的趋势，进而给我国社会保障制度的整合，实现社会保障的公平、公正添加了新的障碍。这一系列的问题不由得我们不去反思。

之前我们一直认为，农村有土地为依托、以家庭为单位的保障体系，并以此为借口推迟农村居民的社会保障制度建设。但是我们越来越多的实际情况表明，这种以家庭为单位的保障体系根本不足以在某地农业产量衰退的时候抵御农民食物权利的崩溃，更何况医疗保障等这种原本便不是家庭保障体系能够提供的服务。不能对公民实施平等保护、有意让一部分人的基础能力大大落后于另一部分人的社会保障，其实无异于对不利者的又一次盘剥。

（三）慈善事业是增进社会福利的重要手段

当土地的保障能力下降，甚至是失去土地时（如失地农民），以生产为基础的权利便无以保障，其结果只能是出卖劳动力（如农民工）；当劳动的权利都因种种原因而丧失或被剥夺时，他们又该如何去实现最为基础的交换权呢？如果不能实现交换，又怎能维持生活呢？陷入贫困是不可避免的。根据森的权利结构理论，这部分人只能是寻求继承和转移的权利。当继承几乎是不可能的时候，接受转移支付就会显得格外重要。所谓的转移支付，在这里我们可以理解为以捐赠等形式所表现出来慈善事业，而且事实上从古至今，慈善事业对于缓解贫困一直发挥着重要作用，并成为现代社会保障制度的起源。因此，除了大力发展社会保障制度外，慈善事业也是需要继续发扬的，将促进全民社会福利水平进一步提高。

“阿马蒂亚”这个名字是诗翁泰戈尔为他取的，意为“永生”。而他关注的却是那些在饥荒中的逝去者。有人说："如果我们不能理解他关于饥荒的理论的真实意图，不能领会他政策建议里的精华，我们就不能理解他思想之深邃，目光之透彻，心灵之高尚。"

批判思维

1. 分配正义与消除贫困

中国人民大学 龚群

正义（或公正）是一个有着多重涵义的概念。在人类思想史上，不同的思想家提出了不同的社会正义观。以公平或平等来界定正义，即公平正义是相当多的正义观中的重要内涵。公平正义是从社会平等的意义上来界定正义的。社会平等可以体现在政治、经济、文化、教育等多个方面，这些方面的平等的追求，都可以看作是对公平正义的追求。从公平正义的意义上来理解的经济正义或经济公正，一个重要方面就是分配正义，即社会财富的分配正义。分配正义是社会公平正义的重要方面。

那么，怎样理解分配领域里的社会公平正义？或者说，怎样理解分配领域里的平等的追求，决定了不同的分配正义观的区别。在中国思想史上，影响深远的分配正义观是儒家创始人孔子的观点。孔子提出“不患寡而患不均，不患贫而患不安。盖均无贫，和无寡，安无倾”。这一分配正义的观点即为平均主义的分配观。平等是否就是平均？即社会财富的平均分配和平均享有？应当看到，这一平均分配的观念反映了古代社会生产力低下状况下的人们，尤其是农业社会中的小农耕者的社会理想。平均主义是新中国成立以来长期在分配领域所实行的基本方针，但其给现代社会所带来的严重后果，使得我们在改革开放以来，断然放弃了这一方针，拉大了分配收益上的差距。这从分配政策上保障了我国经济的长期繁荣与发展。

在西方思想史上，自古希腊以来对分配正义有着深远影响的是亚里士多德的比例正义或比例公正观。比例公正也称比值公正。何谓“比值公正”？即相等人与相等事物的比值相等。这种比值分为两个方面，即人与人之间的比值以及物与物之间的比值。比值相等也就是相等的人与相等价值的事物之间的相等，换言之，这里是对某些人与他们所有的事物两者之间的相等。做到这点，从分配合理的意义上看，就是分配正义。那么，在分配方面表现得不正义或不公正也就是不相等的人分配了相等的财物，或相等的人分配了不相等的财物。因此，亚里士多德说：“公正就是某种比例。”这种比例并非是一种抽象数据，而是某种普遍数据所代表的。在这个意义上，平等是同类比值的平等。

应当看到，比例公正原则仍然是我们今天在劳动分配领域里所依据的主要分配原则。但要看到，在现代经济体制即市场经济体制条件下，仅有比例公正的分配正义观是不够的。这一比例公正的正义观，无视社会财富分配在人与人之间的不平等，即使是巨大的不平等也是合理的。历史与现实都证明，在市场经济条件下，财富收入分配有着远比以往的经济体制加剧分化、收入差距拉大的可能。这种差距都可以从比例公正找到存在的正当理由。并且，如果没有能力为社会贡献更多的财富，那么，就意味着处在社会底层的人的经济收益状况永远得不到改善也是可以得到辩护的。因此，比例公正的分配正义观既可以为富人进行辩护，也可以为社会不改善穷困者的穷困状况提供某种理据。但是，如果在经济发展、国民收入大幅增长的历史时期，社会底层人群的财富状况得不到改善或得不到明显改善，显然是不合理的。这是因为，消除两极分化，实现共同富裕，实现社会的公平正义是社会主义的本质要求。

比例公正的局限性在于，它无视社会贫富差距存在的问题。严重的社会财富占有的差距不仅不符合社会主义的本质要求，同时也不符合社会公平正义的内在要求。公平正义的平等不仅仅是一种比例平等，更重要的是，它要求在社会成员之间的实际平等，或趋于实际平等。这一平等的本体论前提在于，任何一个人作为一个社会共同体的成员，他所具有的成员资格，对于这一共同体的构成来说是同等重要的。在当代哲学家罗尔斯看来，只要他具有正常的道德能力，就应当得到社会的平等尊重，以及享有平等的权利，包括经济方面的财富占有的要求权。然而，现代社会的困境在于，我们不可能使得全体成员在财富占有上一律平等。取消社会成员财富占有的权利只能导致社会成员的普遍赤贫，而承认财产的私人占有权也就必然承认社会财富在私人间的不平等状况的合理性。这是因为，现代社会财富占有的不平等不仅有着继承方面的历史根源，而且也有着现实分配的根源。历史表明，平均主义无视个体劳动能力与社会贡献的差异，最终只能导致个体社会积极性的消散。没有个体的积极性，社会财富的增长就成了无源之水。但这里的问题是，那些在这种分配体制之下受益最少者，他们的权益无从得到保障。因此，现代社会的合理发展，就必须既考虑到如何调动最广大社会成员的积极性，同时又保障或提高最底层的社会成员的社会需要。

分配正义是罗尔斯的两个正义原则中的重要内容。在罗尔斯看来，人们出发点的不平等，人们的出身、地位以及环境等所造成的不平等，从而使得一些人的处境比另一些人的处境更为有利或更为不利，恰恰是正义原则所要调节的。在罗尔斯看来，社会经济的不平等必须有利于所有社会地位的代表人。然而，怎样才能做到这点？罗尔斯认为，人们由于出身、地位以及自身的偶然因素所带来的经济不平等，使得一部分人成为最有利者，然而，社会能够通过制度来调节，使之合乎正义的要求。只要这种社会的不平等能够给最少受惠者带来利益，就是正义的制度安排。财富和收入方面的差别无论有多大，人们无论多么情愿为自己挣得更大的份额，"现存的不平等必须确实有利于最不利者的利益"（罗尔斯）。正因为如此，罗尔斯的正义论坚持了平等主义的倾向。罗尔斯是一个现实主义者，他并不追求完全的分配平等。无论是从西方还是从东方的社会经济发展水平或社会发展阶段来看，都不可能做到完全的经济平等。然而，制度安排应当使得社会经济的不平等能够给最少受惠者带来利益，即以制度安排来改善或消除社会贫困。分配正义实际上是制度的正义，或正义的分配制度。在罗尔斯看来，能够体现最有利者给最少受惠者带来利益的制度是正义的制度。

在现代社会，在经济领域实现公平正义的重要社会途径就是消除社会贫困。社会贫困阶层或贫困群体是社会中处境最不利者或最少受惠者。改革开放以来，随着我国经济的发展，人民生活水平总体上得到了改善和提高。改革开放改变了我国原有的社会均贫状况，在我们的社会成员中，确有一部分社会成员较之其他社会成员先富起来了。与此同时，则是社会的收益差距拉大，其中有一部分社会成员仍然处于贫困状况。在经济增长、综合国力增强的现实背景下，改善或消除社会的贫困状况，是我国社会发展、实践科学发展观的重要任务，同时也是社会公平正义追求的目标。应当看到，自从改革开放以来，我国贫困人口的绝对数已经大量减少，但仍然有相当多的社会成员，由于自身原因或历史地理的原因而处于贫困状况，从而使得经济发展和财富分配呈现不均衡状况，成为制约我国社会发展的重要因素。随着我国经济社会的发展，不仅要减少社会贫困，而且要消除贫困，这是迈向共同富裕的公平正义理想的重要追求。

从社会公平正义的视野看，消除社会贫困、改善最不利者的处境，也并不仅仅是改善最不利者本身的社会福利状况，公平正义的追求把消除社会贫困放在首位，还在于，如果社会最困难群体的福利状况得不到改善，将制约整个社会福利水平的提高。如果最少受惠者的处境得到了改善，他们的社会期望提高了，整个社会的福利状况就都可能得到改善。在这个意义上，社会公平正义所追求的仍是整个社会全体成员的幸福。

写作训练

1. 湖北省社科院院长宋亚平认为："只有通过农产品提价，特别是通过发展农业生产来让农民获得基本收入，形成农业繁荣与农民富裕的良性循环，才是解决农业、农村、农民问题的一个长远办法。"你是否同意宋亚平先生的观点，请对此发表你自己的看法。

2. 在二十世纪的中国历史上，发生过两次大饥荒，第一次是1942年河南大饥荒，第二次是1959—1961年三年困难时期大饥荒，查找相关资料，对比分析思考造成这两次大饥荒的原因有什么不同？

3. 印度学者阿比吉特·班纳吉和法国学者埃斯特·迪弗洛合著的《贫穷的本质：我们为什么摆脱不了贫穷》一书深入五大洲多个国家的穷人世界，调查贫困人群最集中的18个国家和地区，从穷人的日常生活、教育、健康、创业、援助、政府、NGO（非政府组织）等生活的多个方面，探寻贫穷真正的根源。他们指出，多年来的扶贫政策大都以失败而告终，原因就在于人们对于贫穷的理解不够深刻，好钢没有用在刀刃上。《贫穷的本质：我们为什么摆脱不了贫穷》用大量实例，提出了一些实用性较强的建议，寻找那些经得起检验的扶贫方案，为政策制定者、慈善家、政治家及所有希望天下脱贫的人提供了重要指导。查阅本书，思考其对解决中国的贫穷问题有哪些启示?

第六课　平庸的邪恶

目标导引

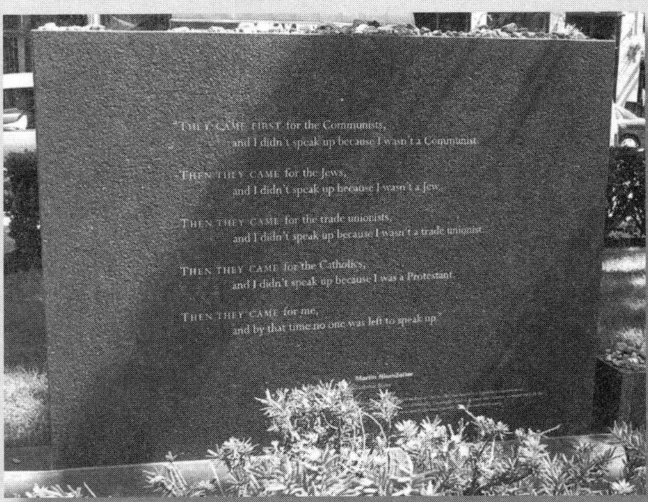

起初他们追杀共产主义者，我不是共产主义者，我不说话；
接着他们追杀犹太人，我不是犹太人，我不说话；
后来他们追杀工会成员，我不是工会成员，我继续不说话；
此后他们追杀天主教徒，我不是天主教徒，我还是不说话；
最后，他们奔向我来，再也没有人站起来为我说话了。

这是镌刻在波士顿犹太大屠杀纪念碑上的铭文，你是如何看待二战时期犹太人惨遭大屠杀的历史悲剧的？运用所学知识，查找相关资料，分析造成犹太人大屠杀的原因有哪些？它跟发生在中国的南京大屠杀有什么区别？我们是否应该深入追究战争责任？在经历了大屠杀以后，我们是否对人性的善恶有了重新认识？

思辨现场

1. 集中营是用来干什么的

——熊培云《思想国》

最近，我在思想国网站上设计了一个问答，“集中营是用来干什么的？”这是一个微乎其微的测试，但是我希望从中得到一些有益的分析。

相关留言林林总总。比如，集中营是“用来关押革命党人的”“用来上政治课的”“关押被视为死人的人的地方”“集中关押人的思想，扼杀每个人的幻想……”“集中营不过是把人生按了一个快进键而已”“用思想体系杀人”“孕育仇恨与敌意”“让活人变成僵尸的场所”，等等。

当说，上述回答各有精彩。不过，如果大家细心一点，多数回答都不约而同地“站到了施虐者的一边”。我是说，答问者没有从被囚者的角度来思考“集中营是用来干什么的”。而这一缺失，正是本文之关键所在。

或许有朋友会辩解说，“我们并没有被关在集中营里”。显然，这一解释并不成其为理由。毕竟，二十一世纪的今天，我们也没有参与集中营的建设。

从传播学的角度来说，如果我们将施虐者比作信息发送者，将集中营比作媒介，将囚徒比作信息接收者，那么，只考虑施虐者“拿集中营做什么”无疑是不全面的。就像我们被问及“报纸是用来干什么的”时，有人会站在发行商的角度说“报纸是来卖广告的”，也有人会站在读者的角度说“报纸是用来获取信息的”。正因为这个原因，我强调在回答“集中营是用来做什么的”时，不能忽略被囚禁者的立场。

当然，有人会说，买报纸的人是主动的，进集中营的人却是被动的。这种反驳无疑是有力的。然而，谁又能说我们不是在有限的选择中最后被动地买了报纸呢？从某种意义上说，人生便是一种逆境，谁不是被动地扔到这个世界中来的？所谓积极生活，亦不过是超越了被动与困境，在别无选择中积极选择罢了。如果我们只是将集中营当作人生的一种境遇或人的条件，我们便更应该考虑在此环境中囚徒要做些什么，而不是环境在做些什么。

进一步说，面对“集中营是用来干什么的”这一问题时，如果我们局限于复述集中营的某种罪恶，以为这是它的全部，而忽略了囚徒的生活（信息反馈），那么这种回答就是一种消极回答，至少它是不全面的回答。而这种被人们不经意间忽略了的“信息反馈”，我认为是最重要的，我把它理解为“在逆境中（积极）生活或抵抗”。众所周知，没有反馈的传播是不完整的，反馈使信息接收者变成了信息发送者，使受动者变成施动者。当这种反馈是积极的时候，我们可以将此解释为人在接到源于逆境的改造信息后，开始以自己为信息源，试图改造逆境。换句话说，在集中营里，囚徒变成了信息发送者，纳粹军警变成了信息接受者，此时，集中营变成了一种为囚徒所用的媒介。对于囚徒来说，从解码到反馈，他至少有两次积极生活的机会。

如前所述，从自由或人生的角度来说，无论生活在怎样一个国家或时代，人的一生都像是在“集中营”里度过，集中营是人的境遇或条件。法国人说，“生命是一次没有人能够活着逃出去的冒险”，似乎也给我们的生活罩上了某种末日情绪——逃出去了也是死。然而，当我们试着乐观地看待这一切，不难发现许多人仍然活着逃了出来。否则，为什么每当我徜徉在巴黎的奥塞博物馆里,总能在《吃土豆的人们》里面闻到文森特·凡·高先生的鼻息呢？当然，如你所知，这里逃出来的不是肉体的凡·高，而是凡·高的积极生活。积极生活是凡·高生命的一部分，正如我关于这个世界的思考与写作也是我生命的一部分一样。

人，应该在希望中栖居。但是，为什么我们总是习惯站到施恶者一边去想集中营能做些什么呢？相反，我认为人应该思考的是人要做什么，而不是逆境要做什么。或许，这才是《肖申克的救赎》赐予观众的最大收获。如主人公安迪所说，“有一种鸟是关不住的，因为它的每一片羽毛都闪着自由的光辉”。一个热爱自由与幸福的人，一个把自己的一生当作远大前程的人，应该始终如一地保有一种“关不住”的精神，为那自由的春色，在人生的逆境之中，勇敢地红杏出墙。关心自我实现，追逐自己的命运。勇敢的人，应当对罪恶视而不见。

在索尔仁尼琴笔下，有一种出墙者是“坚定的逃跑者”：

“坚定不移的逃跑者！”索尔仁尼琴写道，“这是指那些坚信人不能住在笼子里的人，而且对这个信念一分钟也未曾动摇过的人。这种人，不管让他去当个有吃有喝的监狱杂役，把他放在会计科或文教科，还是安排在面包房干活，他都始终想着逃跑。这是那些从被关起来那天起就日夜思念逃跑、梦寐以求逃跑的人。这是铁了心决不妥协的人，而且是使自己的一切行动都服从于逃跑计划的人。这样的人在集中营里没有一天是随随便便度过的，不管哪一天，他要么是在准备逃跑，要么正在逃跑，或者就是被抓住了，被打得半死躺在劳改营监狱里。”

真正的逃跑者永远在路上，而且永不绝望。

在以上材料中，熊培云认为，“人，应该在希望中栖居”“人应该思考的是人要做什么，而不是逆境要做什么”“真正的逃跑者永远在路上，而且永不绝望”。针对这种观点，请你提供至少三个比较有说服力的论据。

	人，应该在希望中栖居 真正的逃跑者永远在路上，而且永不绝望
论据 1	
论据 2	
论据 3	

2. 不是反日本，而是反罪恶

——梁文道《常识》

说到反罪，说到日本的战争责任，很多人会直觉地以德国在二战之后的表现来做比较，追问日本人为何不像德国人那般深切忏悔。得出的答案

往往归结到日本文化的本质或者各式各样的“日本人论”，例如人类学家本尼迪克特（Ruth Benedict）经典著作《菊与刀》里的著名判断：日本的“耻感文化”不同于西方的“罪感文化”。这种化约的文化解释不只大而化之摆脱了历史细节，而且过度强调了日本的特殊性，反过来正好证明了日本人无论如何不会认错，因为他们的文化就是如此。因此这类很知识分子的论述方式，竟然与大陆网站上激进的平民言论不谋而合。那些被认为很民粹很粗暴的愤青同样觉得日本是“死不认错”的，因为“日本人骨子里就是这么贱”，只不过知识分子懂得使用一些学术词汇罢了。

我们的确可以也的确应该把日本拿来与德国比较，只是我们不只要问“为什么日本不像德国那般痛切自悔”，而且还得自问身为战争受害者的自己：为什么我们不像纳粹受害者那样去追究加害国的责任呢？纳粹德国在波兰、捷克、俄罗斯等多国犯下的罪行，不是互不相干的“德波历史问题”、“德捷历史问题”与“德俄历史问题”，而是被视作一组跨越国境的“反人类罪恶问题”。当一个波兰犹太人在战后痛斥当年纳粹暴行的时候，他会很清楚这不只是两国之间的历史仇恨，而且是发生在波兰的一件重大罪恶，这个罪恶也曾降临在其他国家之中。反过来说，有多少中国人意识到在抗日战争以外，曾经有过万菲律宾战俘受虐至死？有多少中国人知道日本在整个中南半岛杀了多少人？又有多少中国人有兴趣去了解日本帝国在韩国怎样推行皇民化运动？中国人总是习惯性地把日本当年犯下的罪行狭隘地理解成两个民族之间的仇恨，而非祸及整片东亚的反人类罪行。

同样地，包括《经济学人》在内的许多西方知名媒体也倾向淡化日本的战争罪行，将其描述成“日本与亚洲多国的历史矛盾”，并且详列战后日本官方曾经作出的道歉次数，证明日本业已清除罪责。日本国内也有许多意见认为他们道歉道得够多了，不懂中国干吗还老叫他们认错，觉得这是一种利用历史的勒索手段。问题是，如果今天认错认得实在很彻底的德国出了一个政客去希特勒灵前致意，或者有一本教科书将种族灭绝说成是人类纯化，大家又会怎么样呢？恐怕不只各国传媒将严辞声讨，德国政府和一般百姓也会义愤填膺，暴跳如雷吧。所以关键并不在于日本作过多少次官式道歉，也不在于那是普通的道歉还是深有悔意的谢罪；而在于尽管有今天，居然仍有人敢于公开声称侵略亚洲其实是解放亚洲，却不用担心任何后果。

在描述二次世界大战的电影里面，我们常常看到对比起粗野不文的美军，德国军官总是一派儒雅，喜欢诵读歌德甚至能够弹一首贝多芬的奏鸣曲。为什么这样的人会参与如此骇人听闻的冷酷残杀呢？这大概也是德裔美籍哲学家汉娜 · 阿伦特（Hannah Arendt）去耶路撒冷旁听纳粹党徒艾克曼（Adolf Eichmann）受审时，心里带的疑问。她惊讶地发现“艾克曼既不阴险，也不凶横”，完全不像一个恶贯满盈的罪犯，就那么彬彬有礼地坐在席上。他甚至宣称“他的一生都是依据康德的道德律令而活，他的所有行动都来自康德对于责任的界定”。艾克曼所做的一切都来自遵从命令，顶多就是特别热心军阶晋升罢了，所以艾克曼形容自己只不过是“一座机器里的螺丝钉”。

这就是后来非常有名的“平凡之恶”（evil of banality）。人类不需要是个什么大奸大恶之徒，也不需要暴力威迫，他只需要合作，一个平凡的人就可以成就难以想象难以言传的邪恶。“真正困扰我们的不是我们的敌人，而是朋友的行为。持续一生的友谊可以在一夜之间被摧毁，就因为害怕错失了加入历史的潮流。他们只是在纳粹的威势面前失去了自己下判断的能力。”（*Hannah Arendt Re-sponsibility and Judgment*）。

很多学者形容纳粹的罪行是史无前例的“极端之恶”（radical evil），其规模其内涵超出了人类想象力的边界。而汉娜·阿伦特独到之处，就是指出即使邪恶如纳粹，到底也是个在地上行走的机器，是个人类零件组成的组织和机构。而人之所以会附和它甚至加入它，只是因为受到诱惑，只是不想与他人不同，只是想做个乖乖听话的“好人”，此乃“平凡之恶”。正是因为这个“平凡之恶”的观点，我们可以讨论在独裁专制的政权底下，个人的道德责任问题。去逼问当年的德国人何以不反抗的时候，我们其实是在反省巨大的邪恶是如何由每一个人不经意的每一步逐渐积累而成。纳粹党卫军不都是痛下决心要做凶手的，他们可能平凡如你我，他们甚至可以是个熟读康德知书达理的“好人”，他们只是渐渐地交出了判断的能力。

因此我们可以拿日本与德国相提并论，因为在二战期间，它们的社会都是极权主义盛行，“平凡之恶”浸淫了整个国度。所谓“日本军国主义”其实是建立在天皇制上的一种社会制度，以神格人身的天皇为中心，由上而下一层层地构成了整个国家的秩序。在这个秩序里面，个人没有自主的自由可言，他的行动完全是上级替他规定的。因此日本思想家丸山真男称之为“不负责任的体系”。可是得注意这套秩序并不是自古以来就存在的什么日本民族性，而是明治维新之后才通过各种文宣教育手段建立起来的新事物。如果要日本人彻底接受战争责任，就得揭穿天皇制的神话，使得大家重新认识到那部大机器里的小零件，到底是个有自省能力可以为自己行为负责的人。对于推说“我也是个被国家欺骗的受害者”或者“我只是奉命行事”的人，必须像对着错愕的艾克曼一样，指出他埋没理性终于与邪恶合作的历程。

针对以上材料中梁文道主张的：“只是我们不只要问为什么日本不像德国那般痛切自悔，而且还得自问身为战争受害者的自己：为什么我们不像纳粹受害者那样去追究加害国的责任呢？”请发表你的看法。

	追究日本责任	不追究日本责任
理由 1		
理由 2		
理由 3		

概念辨析

1. 平庸的邪恶

作者：徐贲 选自2002年8月《读书》

从二次大战结束到一九七五年去世，汉娜·阿伦特（Hannah Arendt）在她整个的政治哲学生涯中始终不能忘怀专制的邪恶问题。六十年代初，她对极权专制邪恶的看法由于纳粹分子阿道夫·艾克曼（Adolf Eichmann）的审判事件而发生了重大的改变。她因此而在《艾克曼在耶路撒冷：关于平庸的邪恶的报道》（由原先为《纽约客》所写的五篇报道修改而成）一书中提出了著名的“平庸的邪恶”一说。她对专制邪恶的关注也逐渐从对纳粹和斯大林主义的极权统治形态转移到对专制制度下个人道德判断的政治批判，进而提出了一个至今对我们仍极具现实意义的问题，那就是，专制制度下的个人负有怎样的道德责任？

阿伦特在她五十年代初出版的《极权主义之源》一书中，将纳粹和斯大林主义这样的极权专制界定为“激进的邪恶”。激进的邪恶是极端的邪恶，也是一种前所未有的原创的邪恶。纳粹统治下的灭犹行动，斯大林统治下的集中营，是激进邪恶的最集中体现。在阿伦特看来，激进的邪恶有三个特征：不可罚、不可恕和不可知。她写道："集中营是进行改变人性试验的实验室，为了证明没有不可能的事，极权统治却无意中发明了既无法惩罚也无法饶恕的罪行。当不可能的（罪行）成为可能的时候，它也成为不可罚、不可恕的极恶。极恶是无法用自私、纵欲、贪婪、怨毒、嗜权、懦怯这些邪恶动机来解释的，因此，对极恶既不能用恨去复仇，也不能用爱去容忍，或用友情去宽恕。"

阿伦特提出的关于极端邪恶的三个特征并不属于同一范畴，前两个特征是关于"我们如何对待邪恶"，第三个则是关于"邪恶是什么"。前面的两个特征可以用普通人对大恶的一般看法来印证，后一特征则必须在道德哲学中才能得到说明。我们常说的"死有余辜"或"罪不可赦"指的就是大恶的前两个特征，死是惩罚邪恶的极限，大恶的不可罚不是指不可以以死罚之，而是指虽死不足以罚之。至于"大恶不可知"这第三个特征，它提出的则是一个哲学问题：邪恶的本质究竟是什么？

极权专制是阿伦特思考邪恶的具体对象。在她那里，了解专制邪恶的一些现象，如灭犹行动或集中营，并不等于就知道了专制邪恶是什么。阿伦特要从哲学上来思考专制邪恶，但思考邪恶却没有一个可以借助的哲学传统。哲学对邪恶思考的贫弱似乎证实了一些人"恶不可认知"的想法。但阿伦特"邪恶不可知"却与这种"恶不可认知"论有根本的区别。恶不可认知论认为，善恶的概念所表示的不过是说话人的个人喜恶，天下并不存在人人都应视之为恶的恶。即使如纳粹、斯大林主义、红色高棉这样的大恶，也只是一些受害者和同情受害者的主观看法而已，未必人人都视其为恶，也未必人人都应当视其为恶。恶不可认知论自然而然地导致逃避对恶的道德判断和批判。阿伦特在极权主义邪恶问题上所持的道德批判立场正与此相左。她坚持，人们对极权主义邪恶可以形成普遍的共识和道德批判，极权主义的邪恶具有可认知的特点（尤其是它的危害程度和组织形式），只是它前所未有的本性超出了人类对恶的现有了解。极权邪恶因其史无前例性而超越了人对恶的思想极限。

阿伦特对专制邪恶本性的第一个问题是：邪恶是什么？这与其说是哲学问题，还不如说是一个政治哲学问题。阿伦特的“大恶不可知”其实已经包含了她对于“极权邪恶是什么”的回答。在阿伦特看来，极权邪恶是对人类的犯罪，因此有必要将它与过去一般的专制行为（包括不民主和违反人权）区分开来。过去的专制无论怎样残暴,都只能是针对具体个人的，都没有能像极权一样，划分出“理应消灭的人种或阶级”，没有以集中营或劳改营为场所对他们进行集体改造或屠杀；过去没有一个政体像极权这样公然取消“你不应杀人”或“你不能作伪证”这样的人类道德信条，而把杀人和说谎变为公民应服从的法律命令；过去的专制政权仅止于迫害反对此政体的“政治敌人”，但极权毫不留情地歼灭服从它的“顺民”；过去没有一个政权的领导如极权一般狂妄地认为自己的力量无比伟大，而得以用“历史或种族必然法则”来从事人性的改造。

对人类的罪行，是由什么样的人具体执行的呢？这个问题一直到阿伦特一九六一年以《纽约客》杂志报道员的身份见证了纳粹分子阿道夫·艾克曼在耶路撒冷的审判，才算有了答案。在她成行前给洛克菲勒基金会的信中，她写道：“你会理解我为什么要报道这次审判；我没能亲眼见证纽伦堡审判，我从来没有见过那些人活生生的是什么样子，这也许是我的唯一机会了。”阿伦特事后称参加对艾克曼的审判是一种“迟来的治疗”。在受审者玻璃亭里的艾克曼，是一个看上去彬彬有礼的人，他在种族屠杀中犯下弥天大罪，而他的动机却是极平常的服从命令和尽忠职守。在艾克曼身上，阿伦特看到了邪恶平庸的活生生的体现，“除了一心向上爬之外，艾克曼确实没有任何动机，用通俗的话来说，他只是不知道自己在做什么”。

艾克曼的邪恶不在于他犯下了普通的罪行，而在于他心甘情愿地参与了极权统治将人变为多余的“伟大事业”，并毫无保留地将体现这种“伟大事业”的法规当作最高的道德命令。从根本上说，他所体现的邪恶平庸指的是无思想，甚至无动机地按罪恶统治的法规办事，并因而心安理得地逃避自己行为的一切道德责任。邪恶的艾克曼并不是另一世界中的“妖魔鬼怪”，而是我们所熟悉的世界中的熟悉人物。正如凯诺文（Margret Canovan）所说的，“要表述那种在极权主义非人力量面前的自暴自弃和自我矮化为二脚动物，实在没有比‘平庸’二字更确切的了”。

艾克曼事件使阿伦特改变了她原先对极权邪恶第三个特征的看法。她认识到，邪恶不是一种卑鄙得超乎人的理解限度的现象，邪恶是产生于肤浅动机的反常行为。邪恶因动机的肤浅而平庸。邪恶的动机是平平常常的人性弱点，邪恶的动机人人能懂，并不需要高远深奥的理论解释。平庸的邪恶指的不是邪恶不凶残， 而是再凶残的邪恶也是空洞的。邪恶的空洞，而不是它的深奥，使得哲学思想对邪恶的探究不能有所进展：“我的意思是指大恶虽然极端，但却不激进，它既不深刻，也不是妖魔。大恶能弥漫，能糟蹋世界，恰恰是因为它能像毒菌在表面扩散。我曾说过，邪恶与思想不能相互见容，因为思想要朝深里去，要追根究底，思想碰上邪恶，便无所进展，因为邪恶中空无一物。这就是平庸。只有善才有深度，才能（激进）原创。”

阿伦特对邪恶的重大认识转变在于， 她把邪恶的难以探究归结为邪恶的平庸本质所至。在她原先的“激进的邪恶”说中，恶和善都是第一性的，我们无法了解大恶，那是因为它的第一性和原创性超乎了我们思想所能企及的极限。在阿伦特经过修正的平庸的邪恶说中， 只有善才是第一性的，邪恶是第二性的，邪恶是缺乏善或是善的丧失。以平庸的邪恶说来看，魔鬼撒旦不是天生的邪恶，而是堕落的天使。当然，阿伦特注视的是极权专制，她要为邪恶提供的不是神学的解释，而是世俗的解释，尤其是政治道德的解释。

以政治道德谈平庸的邪恶， 最重要的现实意义便是拒绝深化专制的邪恶。深化邪恶的必然结果是将邪恶道德化或者神秘化。极权专制的暴行无不以冠冕堂皇的名义施行，纳粹的灭犹行动是为了弘扬纯亚利安人种的优越文化，斯大林的大清洗和集中营是为了在一国首先实行社会主义，中国的文化大革命是为了解放世界上三分之二还在受苦受难的人民。专制制度的辩护者无不孜孜不倦地发掘它们深刻的正面动机和常人难以企及的高远意义，无不以能独窥其中的玄奥深意来夸耀世人。经过深化的邪恶显得超凡脱俗，目光高远，神圣伟大，绝非普通人可以理解。深化邪恶，拔高邪恶，贬抑普通人的认知能力，强迫普通人理所当然地接受邪恶"大智大觉"的开启和领导。邪恶所造成的苦难于是成为实现某种光辉灿烂未来的必要代价，理解的、不理解的都应该无条件地接受。

批判思维

路西法效应

斯坦福大学著名的心理学家菲利普·津巴多在 1971 年做过一个极富争议、探讨人性心理的"斯坦福监狱实验"。津巴多和他的同事在斯坦福大学的心理学系办公大楼地下室里建立了一个"监狱"，他们以每天 15 美元的价值雇用了 24 名学生来参加实验。这些学生情绪稳定，身体健康，遵纪守法，在普通人格测验中，得分属正常水平。实验者对这些学生随意地进行了角色分配，8 人为"看守"，16 人为"囚犯"，并制定了一些基本规则。

为了确保逼真，“囚犯”们在一个星期天早晨被捕，一切都跟真的一样。两个礼拜的模拟实验刚刚开始时，“看守”与“囚犯”之间没有多大差别。而且，做“看守”的人也没有受过专门训练如何做监狱看守员。“看守”8小时换一次班，而“囚犯”除了出来吃饭、锻炼、去厕所、办些必要的其他事情之外，要日日夜夜地待在他们的牢房里。

“囚犯”没有多长时间，就承认了“看守”的权威地位，或者说，“看守”调整自己，进入了新的权威角色之中。特别是在实验的第二天，“看守”粉碎了“囚犯”进行反抗的企图之后，“囚犯”们的反应就更加消极了。不管“看守”吩咐什么，“囚犯”都唯命是从。事实上,“囚犯”们开始相信，正如“看守”所经常对他们说的，他们真的低人一等、无法改变现状。而且每一位“看守”在模拟实验过程中，发自内心地认定“囚犯”是危险的，是应该加以严厉压制甚至是虐待的，都做出过虐待“囚犯”的事情。到了第五天，津巴多宣布这个实验必须及时结束，以便保全所有的人，这些平日这么正常健康而且受过高等教育的年轻人在一个残酷的“监狱环境”中竟然如此轻易地被人格异化，甚至人性畸变。

津巴多希望从他的实验中得出一些普遍的结论：个人的性情并不像我们想象得那般重要，善恶之间并非不可逾越，环境的压力会让好人干出可怕的事情。

在《路西法效应：好人是怎样变成恶魔的》一书中，津巴多把这种人的性格的变化称为“路西法效应”：好人也会犯下暴行。路西法（Lucifer）在《圣经》中指的是原天使长、有六翼的“光辉晨星，荣耀之子”。路西法因为拒绝向圣子基督臣服，举起反旗。但最终被基督击溃，在混沌中坠落了九个晨昏才落到地狱。此后上帝创造了新天地和人类，路西法为了复仇兼夺取新天，乃化为蛇潜入伊甸园，引诱夏娃食用了知识之树的果实，再利用她引诱亚当也犯下了这违抗神灵的罪。于是路西法如愿使神的新造物一同堕落，而且为诸魔鬼们开启了通往这新世界的大门，自此罪、病、死终于遍布地面。

写作训练

1. 梁文道在《常识 · 自序》中指出："只有一种情况能使时事不朽，那就是你说的那些事情老是重复出现。……任何有良心的评论家都该期盼自己的文章失效，他的文章若是总有现实意义，那是种悲哀。除非他那作者的自我要大于一个知识分子的志趣；江山不幸诗家幸。"结合这段话思考，作者在本文中探讨的"日本问题"在怎样的历史情境下，才可能使作者的文章失去现实意义？你认为这一天会在多少年以后实现？谈谈你的理由？

2. 网络作家素履在《责任的重负》一文中认为："自由意味着什么？首要的回答就是承担责任，自己承担起自己自由行动的责任。当我做完一件事，其后果是因为我的选择，我无法寻找借口或推脱责任，因为，那是我的自由的后果。"你是否同意他的观点，就此发表你的看法。

3. 尝试运用"平庸的邪恶"这个观点来诠释罗马尼亚诗人保罗 · 策兰的《死亡赋格》这首诗。

死亡赋格

保罗 · 策兰 北岛 译

清晨的黑牛奶我们傍晚喝
我们中午早上喝我们夜里喝
我们喝呀喝
我们在空中掘墓躺着挺宽敞
那房子里的人他玩蛇他写信

他写信当暮色降临德国你金发的马格丽特
他写信走出屋星光闪烁他吹口哨召回猎犬
他吹口哨召来他的犹太人掘墓
他命令我们奏舞曲

清晨的黑牛奶我们夜里喝
我们早上中午喝我们傍晚喝
我们喝呀喝
那房子里的人他玩蛇他写信
他写信当暮色降临德国你金发的马格丽特
你灰发的舒拉密兹我们在空中掘墓躺着挺宽敞
他高叫把地挖深些你们这伙你们那帮演唱
他抓住腰中手枪他挥舞他眼睛是蓝的
挖得深些你们这伙用锹你们那帮继续奏舞曲

清晨的黑牛奶我们夜里喝
我们中午早上喝我们傍晚喝
我们喝呀喝
那房子里的人你金发的马格丽特
你灰发的舒拉密兹他玩蛇
他高叫把死亡奏得美妙些死亡是来自德国的大师
他高叫你们把琴拉得更暗些你们就像烟升向天空
你们就在云中有个坟墓躺着挺宽敞

清晨的黑牛奶我们夜里喝

我们中午喝死亡是来自德国的大师
我们傍晚早上喝我们喝呀喝
死亡是来自德国的大师他眼睛是蓝的
他用铅弹射你他瞄得很准
那房子里的人你金发的马格丽特
他放出猎犬扑向我们许给我们空中的坟墓
他玩蛇做梦死亡是来自德国的大师

你金发的马格丽特
你灰发的舒拉密兹

第七课　死刑存与废

目标导引

杀人偿命、欠债还钱自古以来好像就是天经地义的事情。为什么有人不断地站出来反对死刑呢？一个合法的政府到底有没有通过法律的途径杀人的正当性呢？废除死刑最佳的理由是什么呢？死刑究竟在何种意义上才是正义的呢？怎样的处罚才能保留好人和坏人的区别呢？

思辨现场

1. 比死刑更可怕的是不宽容

——熊培云

我承认，我是一个死刑废除论者。具体写作方面，通常只做观念上的陈述，而不涉及具体的案情。若干年前我还写过一篇《杀人不偿命，欠债要还钱》的文章，表明自己因何反对死刑。就在昨晚，为了解药家鑫案，我在微博上简略谈到五点，以求抛砖引玉。

第一，“铡刀落在自己的脖子上最重，落在别人的脖子上最轻”，这大概算是一句西方谚语了。我引用它的意思是，对于一个人是不是要被判处死刑，应该由法官来定，作为民众，虽然可以自由发表意见，但是不能过于轻率，毕竟，生命只有一次，无论自己还是他人生命的重量都是一样的。

由此，才有了第二点——“你可能不只是在表达一个观点，而且是在杀一个人”。先不论药家鑫的结局如何，在中国，审判经常受到来自官方（上级部门的干预）或者民间意见（所谓“民愤极大”）的影响，也不是什么秘密。如今虽已告别了群众运动的年代，但因为“民愤极大”导致犯案者被判死刑的事情亦时有发生。在我印象中，2000 年天津曾经发生一起泼硫酸的案件，那位叫刘金凤的女子便是在媒体密集声讨下最后走上法场的。民意一旦主导法庭，代表公正的最后一道防线就不再是法庭，而是分贝最高的那一部分民意。

第三，“废除死刑不等于废除刑罚。死刑之外，刑罚之威慑仍在”。这句话是想纠正一个错误，即现在很多人倾向于认为杀人犯若不偿命就等于逍遥法外。事实并非如此，对于罪犯而言，终身监禁的活刑，其惩戒作用并不一定比死刑差。至于有人担心有门路的杀人犯两三年就可能出来，若真如此，从逻辑上说最需要改变的当是堵住相关司法漏洞，而非让原本可以不死的人继续去死。

第四，“比死刑更可怕的是此社会无宽恕、无对生命之敬畏”。这个判断来自我多年所得的经验与判断，相信这也是许多人的共识。举例说，2005 年 11 月 9 日，艾绪强在王府井开车撞人致多人死亡，此为社会之大不幸；而在庭审过程中，部分受害者家属希望分割艾绪强可卖的器官以求赔偿，又何尝不是一种不幸？

第五，“若我被杀，请宽恕杀我者，善待他，他的生命里有我余生”。我承认，我很犹豫是不是要写下这段话，它是一份简单的个人告白，但并不止于此。我有一个朴素的愿望，希望这个社会不要永远生活在“我要报仇”的回声里。而我能有此觉悟，其一自然是因为了解宽恕的意义与价值；另一方面，也是因为十年前听说了那个震惊中国社会的德国故事：

2000 年 4 月 1 日深夜，来自江苏北部沭阳县的四个失业青年潜入南京一栋别墅行窃，被发现后，他们持刀杀害了屋主德国人普方（时任中德合资扬州亚星——奔驰公司外方副总经理）及其妻子、儿子和女儿。据查，盗窃的行动被普方一家察觉，因为言语不通，惊惧之中，他们选择了杀人灭口，即所谓“激情杀人”。四人随即被捕并被法院判处死刑。

让许多中国人意想不到的是，案发后普方的母亲专程从德国赶到南京，在了解了相关案情后，老人竟然写信给地方法院，表示不希望判四位年轻人死刑。不过，江苏省高级人民法院最后还是驳回了 4 名被告的上诉，拒绝了受害者家属的求情，维持死刑的判决。故事并未因此结束，同年 11 月，在南京居住的一些德国人及其他外国侨民设立了纪念普方一家的协会，自此致力于改变江苏贫困地区儿童的生活状况。

在以上材料中，熊培云提出了反对死刑的五点理由。针对这五种观点，请你逐一分析其是否具备说服力。

	比死刑更可怕的是不宽容
观点 1	
观点 2	
观点 3	
观点 4	
观点 5	

2. 杀戮的艰难

——张娟芬《杀戮的艰难》

我们面对的不是“坏人该不该罚”的问题。大家都同意坏人该罚（除了丹诺以外）。我们面对的是：罚他要罚到什么地步？死刑还是终身监禁？

想象一个你最讨厌的罪犯。如果他戴上了手铐脚镣，已经没有反抗能力，但却恰好落在你手里，你会不会杀他？

唔，我想，我不会。有些人会跟我有不同的答案，但是，你一定会至少犹豫一下。这一点迟疑，就是我要讲的东西。

如果这坏人正在“跑路”，警匪枪战，而警察碰巧把坏人打死了，那我没意见。因为坏人对于警察与路人的身家性命，都造成威胁。可是如果警察已经制服了歹徒，还可不可以把他打死呢？不能。

如果他拿枪指着我的头，但是我们却在一阵混乱里，两人抢起枪来了；我紧张、害怕、激动，我可能会想尽办法杀他，因为我不杀他，他就会杀我。那是正当防卫。但如果他已经被绑住了呢？如果他已经失去了杀我的能力，我却还杀他，那是防卫过当。当罪犯已经入狱、失去了危害社会的能力，我们却还通过公权力来杀他，那也是防卫过当；或者，其实就是杀人。我们没别的选择吗？有啊，把他关起来啊。

我的论点不是他不该死。

我的论点是我们不该动手。

我们终于来到死刑辩论的决战点：到底怎么样算“够了”？我们对于罪犯处置的极限在哪里？

从前，判死刑是不够的。得凌迟，得腰斩，得五马分尸，大家还兴致勃勃地围观。但是越到近代，我们对“残忍”的忍耐度越来越小。现在死刑用电椅、用毒针、用枪决，我们仍觉得不忍卒睹。同样一件事情，以前不算残忍，现在却被视为残忍，可见“残忍”的概念是社会建构的，“残忍”的标准是浮动的。

残忍不容易定义，但可以迂回地试着逼近。当代的死刑用枪决、注射毒针或电椅，而舍弃了斩首、绞刑或毒气室，是为了避免残忍，不要让犯人承受额外的痛苦。支持死刑的人常常强调，现代的死刑已经很人道了，我们为他找了一个最不痛苦的方式，已经仁至义尽。也就是说，同样是惩罚，如果能够节制至最低限度，那是仁慈；如果过当，那就是残忍了。

“过当”！是的，就是“过当”。既然无期徒刑已经足以达成隔绝的目的，那么死刑就是“过当”，就是残忍。我看王文孝的死刑档案会感到不忍，不是因为他不坏，而是因为，那是一个社会“过当”地执行其集体意志。

史宾斯说：“当我们无法适度惩罚罪犯，人们所看见的是正义流产。”

我说：“当我们过度惩罚罪犯，人们连看都不敢看。”

我们太低估死亡了。我想起 Toshi Kazama，那位清秀温文的摄影师。他是日本人，现定居美国，花 8 年时间造访数座监狱，拍了一系列少年死刑犯的照片。美国有的监狱用电椅执行死刑，有的监狱用毒针。用电椅的监狱说：我们比较人道，因为电一下很快就死了，不痛苦。用毒针不人道，因为一共要打三针，历时 15 分钟，时间太长了。但是用毒针的监狱说：我们比较人道，用电椅不好。用电椅，犯人的眼珠会迸出来，而且你看到电椅底下接到一个桶子有没有？因为犯人会大小便失禁，桶子就是用来接排泄物的。说到这里，Toshi 直视全场，问道：“哪一种杀人的方式会是人道的？”

还有一件事令我印象深刻。Toshi 说，电椅有两个开关，一个有连上电源，一个没有。执行死刑的时候，两个人一起按下开关，没有人知道是谁按下的开关把犯人烤焦的。两个开关不是机械设计上的需要，而是执行者需要分摊责任。

杀戮岂是这么容易的事！“人人皆曰可杀”，是因为我们不必自己动手。如果是这么替天行道的事情，大家怎么不抢着做？好莱坞电影可以轻易对人开枪，那是因为喷出来的是番茄酱。

倘若我们集体决定放弃了死刑，我将说那是一个痛苦的决定，尤其是当我又想起古怪照片簿里大卸八块的女子，肚破肠流的女子，头被打扁的亚裔女子。但是，那也是一个高尚的决定。

我的论点不是生命的可贵。我的论点是杀戮的艰难。唯其如此，我们才保住了好人与坏人之间，那一点点的差别。

针对以上材料中张娟芬主张的：“我的论点不是生命的可贵。我的论点是杀戮的艰难。”你认为就反对死刑而言，“生命的可贵”和“杀戮的艰难”哪一种观点更有说服力。

	生命的可贵	杀戮的艰难
理由 1		
理由 2		

理由 3		

概念辨析

1. 看得见的正义

——陈瑞华《看得见的正义》

作为人类法律制度的基本价值，正义一般有两种表现形式，即实体正义和程序正义。实体正义主要体现在实体法之中，贯彻于司法裁判的结论上面，构成一种对法官的实体性道德限制。从静态的角度来看，实体正义具有一系列明确的价值标准。刑法学者所研究的罪刑法定、罪刑相适应、对类似案件给予相同处理等法律原则，大体上可以视为实体正义的主要内容。但是，如果从动态的角度观察，实体正义在一个个具体的案件中却没有一个统一的标准。由于几乎所有案件在事实和情节上都不完全相同，所涉及的法律问题也互有差异，而案件在裁判结论形成之前，多多少少都具有一定的不可预测性或不确定性，因此，要想给所有案件的裁判活动确定一个统一适用的公正结果，确实是十分困难，甚至是不现实的。

尽管如此，人类法律价值中还有一些内容与裁判的结果或结论没有直接的关系，它们体现于法律程序的设计以及司法裁判的过程之中，具有明确、具体且可操作的道德标准，属于“看得见的正义”。如果说一个案件最终裁判得是否公正，往往只有当事者自己心知肚明的话，那么，一个案件的裁判过程是否符合公正的标准，有无明显的不公之处，则不仅为当事者所能感知，而且还能为一般社会公众所觉察。甚至在有的时候，普通公众进行的价值评价就是通过观察法律实施的过程来进行的。很明显，这种“看得见的正义”也就是程序正义。

将程序正义视为“看得见的正义”，其实是英美人的一种法律传统。这源于一句人所共知的法律格言：“正义不仅应得到实现，而且要以人们看得见的方式加以实现。”（Justice must not only be done，but must be seen to be done.）

用最通俗的语言解释，这句格言的意思是说，案件不仅要判得正确、公平，并完全符合实体法的规定和精神，而且还应当使人感受到判决过程的公平性和合理性。换句话说，司法机构对一个案件的判决，即使非常公正、合理、合法，也还是不够的；要使裁判结论得到人们的普遍认可，裁判者必须确保判决过程符合公正、正义的要求。因此，所谓的“看得见的正义”，实质上就是指裁判过程（相对于裁判结果而言）的公平，法律程序（相对于实体结论而言）的正义。

为什么要制定并遵守法律程序？作为旨在形成某种法律决定的法律实施过程、步骤和程式，法律程序难道不就等于一系列的办事“手续”吗？例如，有人刚刚购置了一部电脑，需要了解并熟悉它的操作程序；有人要举行一场婚礼，需要事先确定各项喜庆“程序”；有人要去打高尔夫球，也要遵守一系列复杂的运动“程序”……显然，制定并遵守这些带有技术性的“程序”，可以确保机器操作得更加顺利，使事情进行得更加有条不紊，也可以取得竞赛的最后胜利。那么，法律程序与这些技术性的操作手续究竟有什么区别呢？

针对这一问题，前任美国联邦最高法院大法官佛塔斯（Fortas）曾从宪政主义的立场阐述了法律程序的意见：

坚持那些为我国宪法所要求的程序保障，并非只具有技术性意义……宪政主义不是一种技术问题……宪法性权利也不是一系列技术性规则……宪法性程序是我们文明社会的核心、良心和灵魂。这是一个人们一直为之奋斗和牺牲的基本原则。在国家将我们投入监狱或者剥夺生命之前，如果自由不是指正当法律程序的权利，那它还能意味着什么呢？

按照佛塔斯的观点，不能从技术的角度来理解法律程序的意义，法律程序的建立实质上是对个人自由提供的一种重要保障。这就使程序与道德发生了密切的联系。另一位大法官杰克逊（Jackson）曾就此作出过进一步的解释：

只有那些未经教化的粗俗之辈或者骗人的律师才会说程序是无关紧要的。程序的公正与合法是自由必不可少的构成要素。实体法只要能得到公平和无偏见的适用，那么即使它再苛酷，也是可以忍受的。实际上，如果可以选择的话，人们宁愿接受一种通过我们的普通法程序加以适用的苏联实体法，也不愿意忍受我们的实体法通过苏联的诉讼程序加以实施。不要忘记，正当法律程序并不会使被告人成为唯一的受益者，它还是使政府摆脱一些错误的最好保证，而这些错误会不断地玷污一个司法制度，并注定以单方面的形式发生……

杰克逊对法律程序正当性的强调，略微透露出一个普通法法官的自负和居高临下。而道格拉斯（William Douglas）大法官则更加明确地论述了遵守程序在美国制度中的重要性：

权利法案的绝大部分条款都与程序有关，这并不是没有意义的。正是程序决定了法治与任意或反复无常的人治之间的大部分差异。坚定地遵守严格的法律程序，是我们赖以实现人人在法律面前平等享有正义的主要保证。

上述三位大法官对法律程序的强调，很容易使凡事讲究“中庸之道”的中国人产生反感；美国人这种对法律程序的偏爱，显然是在“重程序，轻实体”，这岂不与中国人的“重实体，轻程序”一样在走极端吗？！

实际上，美国法官对法律程序的“极端强调”，源于英美普通法的法律传统。程序正义作为一种观念，早在13世纪就出现在英国普通法之中，并在美国得到前所未有的发展。程序正义观念的古典表述在英国是“自然正义”（natural justice），而在美国则是“正当法律程序”（due process of law）。

1215年，英格兰国王颁行的《大宪章》（*Magna Charta*）第39条就曾规定，“除非经由贵族法官的合法裁判或者根据当地法律”，不得对任何自由人实施监禁、剥夺财产、流放、杀害等惩罚。

1355年，英王爱德华三世颁布的一项律令（有学者称为“自由律”）明确规定：

“任何人，无论其身份、地位状况如何，未经正当法律程序，不得予以逮捕、监禁、没收财产……或者处死。”

这两个法律文件被许多学者视为英美普通法中正当程序或程序正义的最早渊源。英国法律制度在其发展的较早时期即有注重程序的传统，人们相信“正义先于真实”（justice before truth）。这一方面与英国法官长期形成的遵循先例的传统有关，使得法律程序——即法官的裁判过程——具有形成和发展实体法的功能，另一方面也体现出英国人运用法律程序对政府权力加以制约的思想。而注重法律程序的最集中体现就是对自然正义原则的严格遵守。

自然正义是英国法治（rule of law）的核心概念，是法官据以控制公共行为（public behavior）的基本程序原则。这一原则有两个基本要求：

（1）任何人均不得担任自己案件的法官；

（2）法官应听取双方的陈述。

这两项要求原本仅适用于法官的司法裁判活动，被用来作为法官解决纠纷时所要遵循的最低限度程序公正标准。但从20世纪以来，它们逐渐发展成为法院监督行政权的重要程序保障，成为行政程序正当性的基本根据。根据上述第一项要求，法官在审判中不得存在任何偏私，而且须在外观上使任何正直的人不对其中立性有任何合理的怀疑。为防止那些对某一方当事人怀有不利偏见的人担任裁判者，法官不仅不能与案件或者当事人双方存在利益上的牵连，而且不得对案件事实事先形成预决性的认识或判断，否则法官所作的裁判就会失去法律效力。

自然正义的第二项要求又可称为“两造听证”原则，即法官必须给予所有与案件结局有着直接利害关系的人有充分陈述意见的机会，并且对各方的意见和证据平等对待，否则他的裁判就不具有法律效力。

不难看出，自然正义的这两个要求都是有关法律程序本身正当性和合理性的标准，法官对它们的违背会直接导致裁判结论法律效力的丧失。这样，自然正义原则就包含了法律程序正当性的基本内容，成为程序正义观念的最早体现。

英国普通法上的程序正义观念在美国得到继承和发展。美国联邦宪法第五条和第十四条修正案均规定：“未经正当法律程序，不得剥夺任何人的生命、自由和财产。”这标志着程序正义观念在美国以宪法原则的形式得到确认和保障。根据美国学者和联邦最高法院的解释，正当法律程序可分为“实体性正当程序”（substantive due process）和“程序性正当程序”（procedural due process）两大理念。其中前者是对联邦和各州立法权的一种宪法限制，它要求任何一项涉及剥夺公民生命、自由或者财产的法律不能是不合理的、任意的或者反复无常的，而应符合公平、正义、理性等基本理念；而后者则涉及法律实施的方法和过程，它要求用以解决利益争端的法律程序必须是公正、合理的。

美国权威的《布莱克法律辞典》对程序性正当程序的含义作出了具体的解释：

“任何权益受判决结果影响的当事人有权获得法庭审判的机会，并且应被告知控诉的性质和理由……合理的告知、获得法庭审判的机会以及提出主张和辩护等都体现在‘程序性正当程序’之中。”

在美国学者看来，正当法律程序体现了正义的基本要求，而程序性正当程序更是体现了程序正义的基本观念。

显然，在英美人的观念中，在对一个人的生命、财产、自由等各种实体性权益加以剥夺、限制之前，公共权力的行使者必须遵守基本的法律程序。在这里，仅仅存在一种“法律程序”是远远不够的。这种程序还必须符合一系列最基本的道德标准。正如同一个人必须遵守道德规范才能成为一个“好人”一样，法律程序和法律制度也必须具备最低限度的道德性，才能成为“好”的制度和程序。人类历史上出现的各种专制主义政权，如德国纳粹、意大利法西斯、日本军国主义等，一般都建立了大体上还算完备的司法制度和法律程序。但这些所谓的“司法制度”和“法律程序”并不具备最基本的道德标准，不符合人类普遍的公平、正义观念。换句话说，不符合公平、正义等价值观念的法律程序，即使非常完备、有效和实用，也不具备道德上的正当性。

应当说，英美人所信奉的“自然正义”、“正当法律程序”等程序正义观念，即使在其他社会中也具有普遍的意义。当然，这并不意味着所有的社会都要按照整齐划一的程序正义标准，建立完全相同或相似的程序模式。事实上，正如一位学者所说的那样，“正当程序是一个灵活的概念……

对正当程序的要求是绝对的，但它的适用却不是”。

对于中国人而言，问题的关键并不是对某一个或者某几个西方国家的法律程序加以模仿、移植，而应当是理解并坚持一种“法律程序道德性”的观念，培养一种按照正义要求设计法律程序的文化。如果能做到这一点，那么我们建立的所有涉及剥夺个人财产、自由甚至生命的法律决定过程，就会逐渐贯彻自然正义、正当程序和程序正义等价值的要求，并真正符合中国人与生俱来的公平、正义观念，从而使法律制度甚至统治秩序得到中国人普遍的认可和尊重。

按照通常的说法，中国社会存在着明显的“重实体，轻程序”问题。在任何一种司法裁判过程中，无论是法官、控辩双方还是普通公众，所关注的往往是裁判的结果，而不太重视司法裁判的过程、步骤和方式。甚至在一些情况下，司法官员出于效率、便利等实用的考虑，还会故意地通过牺牲程序来保证某种预期的结果。

不过在笔者看来，这种“重实体，轻程序”终究是一个表象。中国人其实在其他一些场合并不忽略程序，甚至还将程序问题提到令人困惑不解的地步。例如，向政府部门申请营业执照，向某一机构申请办理某种许可证……这时人们往往要经受一系列的步骤和程式。这里的程序不仅繁琐复杂，而且费时耗力，甚至演变成专门限制、刁难百姓的手续。联想到司法官员在诉讼中经常迫不及待地作出结论的情况，这里的程序为什么会受到如此不正常的重视呢?

原因其实很简单。这里的程序是政府机构专门用来管理、控制社会的手段，也是对个人权利的一种限制方式。这种对程序的重视仍然是一种表象。因为官员们通过使程序繁杂化，逐渐将自己的衙门和权力在百姓心中神秘化甚至市场化，使宪法和法律上确立的公民权利透过自己对权力的恣意行使，而受到近乎苛刻的“过滤”。

显然，司法制度中的“重实体，轻程序”也罢，行政管理中的“重手续”也罢，实质上不过是“重权力，轻权利”的表现形式。具体到诉讼领域，这种对国家权力的畸形重视以及对个人权利的极度轻视，显示出这是一个“重国家，轻两造”的社会。在此情况下，重视手续和轻视程序所造成的后果都是一样的，也就是使处于弱者地位的被裁判者、被管理者、被控制者都不具有人的尊严，其本身也都不成其为目的，而不过是用以实现他人、社会、国家甚至衙门本身目的的手段。

康德曾将下面的一段话视为“绝对的道德命令”，也就是社会正义的最低要求：

永远把人类——无论你亲自所为还是代表他人——当作目的，而绝不仅仅当作手段来对待。

这一点，其实就是程序正义的灵魂所在！作为“看得见的正义”，程序正义所最终要求的就是代表国家行使公权力的官员或机构，在作出使一个人的权益直接受到有利或者不利影响的决定之前，必须给予这个人以充分、有效参与决定制作过程的机会；对那些利益处于对立状态的当事者，必须保持中立，不偏不倚，并确保参与者拥有平等的参与机会和参与能力。与此同时，决定者在作出限制或者剥夺个人权益的决定时，还必须极其慎重，内心具有并向外部表达出充足的理由，以便能尽量说服受到不利对待的一方……

或许，人们永远不可能将程序正义的内容揭示到“穷尽”的程度。但无论如何，程序的不公正和非正义都是有着固定标准的。那就是使人仅仅成为手段或工具，而不成其为目的。只要人们受到这样的对待，非正义也就发生了，法律制度和法律程序的道德正当性也就会引起普遍的质疑。

批判思维

1. 拷问死刑

——我们为什么要废除这一野蛮的刑罚　摘自网络

贺卫方

2005年12月15日，贺卫方在华东政法大学做了一个名为《拷问死刑——我们为什么要废除这一野蛮的刑罚》的演讲，贺卫方反对死刑的理由可以概括成以下九条：

1. 中国死刑执行数字或许比世界上其他的所有国家的总和还要多得多。这已经成为人权方面一个严重的问题。

2. 死刑不仅仅不能够遏止犯罪，反而会激发犯罪。

3. 刑讯逼供导致了大量的冤假错案。

4. 死刑鼓励着嗜血的残忍的国民心态。

5. 政府没有杀人的正当性。

6. 死刑侵犯人的尊严。

7. 经济犯罪不应该判决死刑。

8. 死刑经常被用于实现刑法之外的一些目的。

9. 如果有死刑的话，我们就必须保留一种特殊的职业，那就是刽子手。

关于第二条，贺卫方是这样论述的：

第二个原因，为什么应当废除死刑，是因为死刑不仅仅不能够遏制犯罪，反而会激发犯罪。

我在这里边，引了孟德斯鸠的话：在一个国家里，如果盗窃十块钱和谋杀国王都是死刑的话，那么人们都去谋杀国王。因为谋杀国王可以把国库给盗窃了，自己就当国王了，这多好，那不仅仅是腰缠万贯的事情了。民间的说法是：杀一个够本，杀俩赚一个。一不做，二不休。

你们知道，当你——别，抱歉——当我犯了一个必须用判处死刑的方式来加以处罚的罪行，我犯了第一次的话，我就完全没有了一点点害怕，我就开始不断地犯第二次、第三次。为什么会出现为数不少的那样一种犯罪？比方说入室抢劫，过去的时候，人们到屋里边去就是抢点儿钱，偷点儿钱，但是现在，入室的盗窃或者是抢劫往往伴随着杀人，因为涉及死刑的问题。反正大不了就是一死，你把房子里的人给杀掉，反而会把证人给杀了，没有人看到过我犯罪。如果留着这样的一个活口那么很可怕的。于是这就激发了更多的犯罪。

我们可以看到意大利著名的法学家贝卡利亚（Cesare Becacaria）的《犯罪与刑罚》，这位伟大的哲人的著作，薄薄的一本小书。在今天，一个人如果一辈子只写这么一本小书的话，连教授也评不上，但是贝卡利亚成为我们人类历史上，尤其是我们法律人的历史上非常光辉灿烂的一个名字。他不断地激发一代一代的后来人投身到废除酷刑和死刑的运动中。贝卡利亚说："人的心灵就像液体一样，总是顺应着他周围的事物，随着刑场变得日益残酷，这些心灵也变得麻木不仁了。严峻的刑罚造成这样一种局面：罪犯所面临的恶果越大，也就越敢于规避刑罚。为了摆脱一次犯罪的刑罚，人们会犯下更多的罪行。刑罚最残酷的国家和年代，往往也是行为最血腥、最不人道的国家和年代。”这是为什么死刑会更多地去激发犯罪。这是我们对人性的观察能够得出的一个结论。

我们经常把死刑视为一种具有工具化意义的惩罚，就是说判决死刑不仅仅是为了惩罚犯罪人本人，而且为了杀一儆百，杀鸡儆猴。让别的人从中汲取教训。我们看到了研究死刑的专家或者国外的一些数据报告表明，在已经废除了死刑的国家里，废除死刑以后，严重犯罪的比例并没有多少变化，也就是说，废除死刑并没有导致严重犯罪的大规模上升。有时候有一点上下的小幅波动。在一些联邦制国家，有些州废除了死刑，有些州没有废除死刑,人们发现,两个州的犯罪比例也没有太大变化。很有意思的是，有一个废除死刑的国家——立陶宛——在废除死刑后，像杀人这样的严重犯罪的数字下降了。这是值得我们玩味和思考的问题。为什么执行死刑并没有起到我们所希望它起到的那种作用，也就是遏制犯罪？

现实生活中，杀人犯罪到底发生在陌生人之间多还是熟人之间多？即使在我们国家，有关的统计数据已经表明，60%甚至70%以上的犯罪是发生在熟人之间的。一个家庭内部，你们听说过一个母亲把孩子给打死，你们发现夫妇俩经常一个把另一个给杀死。但是许多情况下，发生在熟人之间的杀人甚至包括发生在陌生人之间的杀人，都是一种激情之下的杀人。杀人的时候，脑袋一片空白。没有办法通过死刑来遏制杀人的犯罪。其他的犯罪，死刑能不能遏制？我们可以说，只要一个事实就可以有效地说明死刑的无效。那就是：判了死刑以后我们不得不判更多的死刑。当我们不断地通过死刑去镇压那些个犯罪的时候，你就会知道，死刑是无效的。死刑如果是有效的话，我们判了死刑以后，就应该不再发生这样的事情。比方说，成克杰先生被判处死刑，但是官场上的贪污受贿情况却愈演愈烈。那真正给人的感觉是大家都变成了革命烈士，死怕什么？砍头只当风吹帽，为了钱，我怕什么？这样的一种情况是值得我们去关注的。

2. 死刑在何种意义上是正义的?

——何怀宏《死刑三问》

一种出自道义论的支持死刑的观点会认为：死刑本身就是正义的，不管有无效果，它自身的性质即是一种报应或矫正正义的体现，所以必须坚持。

正义可分为两个方面：一是分配正义，一是报应或矫正正义。前者分配利益，这是世人唯恐得之不足的东西；后者也可说是广义的“分配”，只是它分配的是刑罚，这却是世人惟恐避之不及的东西。而所谓“正义”的要义就是要尽量平等公正地对待人们：按功予酬，论罪行罚。

“杀人者死”“杀人偿命”千百年来一直被视为“天经地义”。更早，在人类比较原始蛮荒的时期，“以眼还眼”“以牙还牙”的对等报应甚至曾经在其真实字面上的意义上实行：谁不当地伤害了别人身体的某一部位，就给予他相应部位且同等程度的惩罚。

但随着文明的进展，尤其是近代以来，各种肉刑实际都慢慢被时间长短不同的监禁所替代。正义的执法者不应当、也无必要使自己降低到犯罪者的水平，使用和犯罪者同样的折磨肉体的方式来惩罚犯罪，因为它是正义的一方，同时也是力量远为强大的一方，可以用其他的方式来进行惩罚。然而，反讽的是，人们在废除其他肉刑的同时，却常常还是保留最后一种，也是最严重、最残酷的一种肉刑，那就是死刑。

即便按照对等报应的原则，对贪污盗窃等非暴力犯罪，真正对应的刑罚除监禁外，可能还是应当尽量追回和剥夺他侵吞的财产而不是简单地消灭其肉身。而就像利益的分配实际上不可能完全平等一样，对等的报应正义实际上还要受到更多的限制，它只能以有限的罪名和惩罚来对付在形式和程度上有无限变化之可能的犯罪。比如对一个杀死多人或以极残酷的手段杀人的罪犯，法律无法对等，依法最多只能杀死他一个，且不能用和他一样惨无人道的方式来处死他。这正是因为代表国家或社会的司法与罪犯两方、是处在正邪互异且力量不等的地位之上，司法是要为受害者代行正义，但正义的一方是不宜和罪犯一样行事的，所以，司法要严格遵守一套力求公正和公开的程序才能给人定罪，它执法的过程肯定不应堕落到和罪犯一样的水平，而最后判决的结果也同样应当如此。

从另一方面看，一个人一旦犯罪，比如说杀死了一个人，其实就等于和整个社会疏离和敌对，即便他还没有被抓住，他也处在被社会追逐，甚至对亲人也不能吐露的恐惧和绝望之中；而一旦被抓住定为死罪，则将处在对一个预先宣告的死亡的恐惧之中。在某种意义上，这种等死比死还可怕。所以，“以死对死”实际也不会完全对应。一个再飞扬跋扈的罪犯，一旦被国家机器逮住、投监、判罪，在这样一种强大的体制力量面前，他也马上变成了一个可怜虫、一个一抬腿就可踩死的蝼蚁。而正是由于国家力量强大且试图代表正义，就自然产生这样一个问题：难道正义真的要求一定要把这样一个人像蝼蚁一样踩死吗？

处死一个杀人犯的最有力理由看来是“杀人偿命”或“一命抵一命”，但再杀死一个杀人犯，其实又何能补偿或抵偿被他杀死的受害者的生命？我们为之哀悼和痛心的受害者已经死了。如果处死一个罪犯真的能够使受害者起死回生，且只有此法，我想那所有人也许都会赞成将其处以死刑。让一个犯罪者死而能够使受害者生，这才是真正的“一命抵一命”，因为这里的“命”应是“生命”而不是“死命”。但这显然已经是不可能的了。死已经无法与生交换，那么，我们是否一定要这死的“一命抵一命”？这样的“一命抵一命”又是否真的能够慰解受害者亲友的心？一种罪究竟要用什么样的刑罚才能在某种程度上慰解受害者的家人，其实会因社会精神文化背景和人们观念的差别而相当不同，已经不止一次有过我们将杀害一个外国人的凶手处以死刑，而受害者的家人却并不赞成的例子。

总之，死刑曾经在历史上被人们用作、或试图用作实现正义的手段，但随着文明的进展，今天我的确看不到死刑本身在何种意义上是正义的，或者它只在某种象征的意义上是正义的，象征着一种最后手段，即在某种极端情势下或许可以使用的一种权宜手段——比如说，在有非常现实和紧迫的危险使不处死一个被监禁者将对社会造成很大伤害和流血的时候，但它却不宜长久和频繁地用于一个正常的社会、用于一个走向文明的社会。

写作训练

1. 张娟芬在《杀戮的艰难》中指出："误判，那么多的误判！正义习惯性的流产。逻辑上，误判不是反对死刑的好理由。但是实务上，误判是反对死刑最有力的理由，死刑支持者最大的噩梦就是误判。关错人可以赔他一笔钱，杀错人可怎么赔呢？"结合这段话思考，误判对于死刑而言是不是最强有力的理由。谈谈你的思考。

2. 盖瑞 · 史宾斯在《正义的神话》里说："虽然我们贬低报复，但报复是正义的核心。宽恕是伟大的，但宽恕把人不公平地置于情绪混乱中，国家的宽厚反而变成对受害者的另一种犯罪。"你是否同意这种观点？请谈谈你对这个问题的思考。

3. 意大利著名的法学家贝卡利亚（Cesare Becacaria）在《犯罪与刑罚》一书中说："人的心灵就像液体一样，总是顺应着他周围的事物，随着刑场变得日益残酷，这些心灵也变得麻木不仁了。严峻的刑罚造成这样一种局面：罪犯所面临的恶果越大，也就越敢于规避刑罚。为了摆脱一次犯罪的刑罚，人们会犯下更多的罪行。刑罚最残酷的国家和年代，往往也是行为最血腥、最不人道的国家和年代。"你是否赞同这种死刑会更多地去激发犯罪的论调？请谈谈你对此的看法。

第八课　同性恋婚姻

目标导引

中国当代著名社会学家李银河女士多次在两会上提出同性恋婚姻合法化的提案，但始终未获通过，是她的主张太超前了吗？还是她的论证不具备说服力？你又是如何看待同性恋婚姻合法化这一社会问题的呢？为什么欧美很多发达国家都先后通过了同性恋婚姻合法化呢？他们又是怎样做到这一切的呢？

思辨现场

1. 关于同性婚姻的提案

——李银河《我的社会观察》

李银河（1952年－），现任中国社会科学院社会学所研究员、教授、博士生导师。中国最著名性学家。主要著译作有：《中国人的性爱与婚姻》《他们的世界——中国男同性恋群落透视》《生育与中国村落文化》《性社会学》《中国婚姻家庭及其变迁》《女性权力的崛起》《中国女性的感情与性》《同性恋亚文化》《虐恋亚文化》《性的问题》等。

建议我国设立批准同性婚姻的法案。理由如下：

第一，据现行法律，同性恋不违反中国法律，同性恋者是具有各项权利的中华人民共和国公民。同性恋者当中有人有结婚的要求，他们的要求与他们作为公民的权利没有冲突，应该得到承认。

第二，鉴于同性恋者属于少数族群，许多国家已设立反歧视的保护性法律。目前西方许多国家已陆续承认了同性婚姻或家庭伴侣关系，较早的有澳大利亚及北欧国家，较晚的有加拿大、法国、德国、美国的一些州（如马萨诸塞州）和一些城市（如旧金山）。如果我国能够允许同性婚姻，该立法将保护少数族群利益、反对歧视，在人权方面使我国跻身于世界先进行列，也可以此证明我们的党和政府是代表了先进文化的，取得与西方一些国家在人权方面斗争的优势。某些西方国家，特别是天主教国家，在关于同性恋的立法上受到宗教方面的压力，要想通过保护此类少数族群利益的立法十分艰难；而中国传统文化对于同性恋并不太歧视，这是我们在人权方面可以得分的一个有利背景，应善加利用。一旦中国立法保护同性婚姻，将成为我国保障人权的一个有利证据，使仅仅允许同性恋进入军队服役的美国联邦法律相形见绌。

第三，由于同性恋者的关系没有婚姻形式加以束缚和保障，容易造成一部分同性恋者交友随意，增加性病传播的可能性。而承认同性婚姻则可以使相当一部分同性恋者建立和保持长期关系，减少短期关系，从而减少性病传播的可能性。

第四，从历史和跨文化的研究看，凡是人口增长压力较大的国家，对同性恋一般都采取比较宽容的政策；而人口稀少的国家对同性恋则比较严厉。这是因为人口中有这样大的一个人群不生育，将对国家的人口状况产生直接影响。据统计，男女同性恋人口在人群中会占到3%~4%，在中国就是3 900万～5 200万人。由于没有同性婚姻法，这些同性恋者大多数会同异性结婚生育。如果他们可以与同性结为生活伴侣，将有这样大的一个人群不生育，有利于我国的人口控制。

第五，我国有保护少数族群和弱势群体利益方面的成功经验，如在保护少数民族利益、保护妇女儿童利益方面都属于世界领先地位。对于同性恋这个处于弱势地位的少数族群的保护将使我国的形象更为开明、进步，造成一种各社会群体之间更为宽容、和谐的气氛，有利于国家的形象和社会的稳定，免于出现西方社会中同性恋不断游行示威、与主流社会文化发生激烈冲突的局面，而和谐、宽容的做法也与中国文化中崇尚和平、和谐的精神合拍。

总之，中国允许同性婚姻有百利而无一害。为了国家的利益、人民的利益以及同性恋这个少数族群的利益，特提出此提案，希望能够予以批准。

在以上材料中，李银河提出了支持同性婚姻合法化的五点理由。针对这些观点，请你逐一分析其是否具备说服力。

	同性恋婚姻合法化
观点 1	
观点 2	
观点 3	
观点 4	
观点 5	

2. 反对同性婚姻的主要观点

——摘自网络

反对同性婚姻的主要理由可以概括为以下四条。

（1）婚姻的根本是传宗接代

婚姻的根本是传宗接代，同性恋是一种特定性取向的情感，没有传宗接代的根本，因此同性恋可以存在，但不能被冠以婚姻。性取向情感决定婚姻的话，人与宠物是否可以通婚？母子恋等情感是否可以婚姻？

（2）同性婚姻是变态的形式

婚姻是社会功能和自然功能的结合，同性婚姻是一种非常态的形式，我们不歧视病人，但不能因此说牛皮癣是正常皮肤的一种。对人类疾病，应该治疗而不是纵容。

（3）违天道违人性

从野蛮到文明，婚姻是人类性与繁衍的文明形态。目前还没有在人类中大面积出现什么新的形态。同性的性关系性活动，既没有生物学基础，更没有人类通过繁衍而演化的需要，违天道违人性，不能合法化。

（4）默认就行，不能上升到法

同性恋默认就可以了，不存在支持不支持的问题，不反对就可以，不反对的原因是根本上升不到法的层面。这是社会可以处理的事情，是双方的事情，对别人没有危害。但上升到法的层面，就不对劲了。

你认为以上观点是否具备说服力，请谈谈你对以上四种观点的看法。

	同意	反对
观点 1		
观点 2		
观点 3		
观点 4		

概念辨析

美国的"四项基本原则"

——摘自刘瑜《民主的细节》

如果有人问，PC这两个字母是什么的缩写，想必大部分人都会飞快地答：个人电脑。其实，PC还是另一个名词的缩写：Politically Correct 政治正确。

刘瑜(1975年－　)，博士，清华大学人文社会科学学院政治学系副教授，女。学者、作家、诗人。著有《民主的细节：当代美国政治观察》《送你一颗子弹》《观念的水位》等。

众所周知，在我们中国，党和政府总是在引导公民树立正确的政治观，而正确的政治观，简而言之，就是"四项基本原则"：坚持党的领导；坚持社会主义；坚持人民民主专政；坚持马列主义。但是，美国不是号称是个"自由"的国家吗？它怎么也有"正确的政治观"这一说呢？

这事可以从美国一个电视节目最近引起的纠纷说起。

这个节目叫"幸存者"(Survivor)，据说是现在席卷电视屏幕的各种"真人秀"的鼻祖。在这个节目里，二十来个参赛者分成几个部落，被带到一个与世隔绝的地方，各个部落为了生存资源而竞争，优胜劣汰。最后的优胜者，能够获得一百万美元的奖金。

"幸存者"今年已经演到了第13个季度。然而，就在第13个季度开演前，8月23号，制作"幸存者"的CBS电视公司突然宣布，今年他们的节目将有所创新：这次，他们将把20个参赛者按照种族划分，把他们分成白人、黑人、亚裔、西班牙裔四组。无形中，部落竞争也就成了种族竞争。

这个声明一出，立刻在美国掀起了一场风波。纽约市立法委员会的少数族裔核心小组立刻呼吁 CBS 取缔“幸存者”的第 13 季度节目，并且在 CBS 门口组织了一场抗议示威。一个西班牙裔团体称这个节目为种族主义节目。一个亚裔政治活动家抗议道：我们决不能容忍一个电视台用挑动种族矛盾的方法来提高自己的收视率。一个黑人教授嘲讽道：CBS 的下一个动作会是什么？组织“德国部落”和“犹太部落”、或者“穆斯林部落”与“基督教部落”互相竞争？

每个国家都有它自己的伤疤，美国政治最大的伤疤之一，是它的种族主义问题。确切地说，不是一个伤疤，而是一个还在发炎的伤口。任何一个涉及种族问题的公共表述，无论是以电影、电视、书籍、演讲的形式出现，都是在一条钢丝上行走，一不小心，就会摔下万丈深渊。

美国议员 Trent Lott 应该说有最深的体会。2002 年 12 月 5 号，在另一个曾经竞选美国总统的议员 Strom Thurmond 的百岁生日上，Trent Lott 说：如果当年我们选了你当总统，今天美国就天下太平了！要知道，1948 年 Thurmond 竞选总统的时候，曾经公开支持种族隔离。Lott 此言一出，舆论哗然，社会各界纷纷谴责他的种族主义倾向，连总统都站出来公开批评他。尽管 Lott 再三为他所说的话道歉，舆论对他还是不依不饶，最后他不得不以请辞参议院多数党领袖的举动来谢罪。

这就是美国的“政治正确”：对少数族裔的感受必须保持高度的敏感性，在公共领域内发言，绝不能随随便便地丑化少数族裔的形象。虽然美国并没有法律明文规定这一点，但是这已经是整个社会不成文的法律，每个人都在这个不成文法律的凝视下，对言行进行自我审查。

事实上，不能冒犯少数族裔，仅仅是政治正确的一条。美国社会的政治正确文化，完全可以被概括成以下四项基本原则：不能冒犯少数族裔；不能冒犯女性；不能冒犯同性恋；不能冒犯不同的信仰或政见持有者。

关于第一条，有一个比较典型的表现。如果大家留心看好莱坞的电影，会发现导演一般不敢轻易把黑人塑造成反面形象。事实上，无论是《费城故事》里的黑人律师，《肖申克的救赎》里面的黑人狱友，或者《谈判者》中的黑人警察，黑人总是代表着一个勇敢、正义、智慧的形象。从这个小细节也可以看出，好莱坞导演们在塑造黑人形象时的谨小慎微。谁也不愿像 Lott 一样“跳进黄河洗不清”。“9·11”之前，好莱坞电影中还有很多中东恐怖分子的形象，“9·11”之后，由于穆斯林问题的日益敏感，中东恐怖分子的形象也基本从好莱坞电影中消失了。不能丑化穆斯林的形象，也成了政治正确的一个部分。

不能冒犯女性这一条，最记忆犹新的例子，就是哈佛前校长 Summers 栽的跟头了。在今年一月的某次会议上，Summers 宣称，女性在科学方面的成就比较少，可能是因为男女在内在智能上的不同。此言一出，群情激愤。哈佛大学女教师委员会写信给他说：你的行为让哈佛大学蒙羞 。一些校友则宣称，如果 Summers 不公开道歉，他们将停止给哈佛的捐款。事后虽然 Summers 一再道歉，最后也不得不因为这根导火线而辞职。

不能冒犯不同的信仰或者政见持有者这一项，一个典型的例子，就是美国过去这 50 年对麦卡锡主义不断的检讨和反思。虽然麦卡锡主义对马克思主义者的迫害程度与规模，和共产主义政权对非马克思主义者的迫害历史相比，只能说是“小小巫见大大巫”，美国社会对真假马克思主义者当年所受的迫害，那个耿耿于怀，简直到了祥林嫂的地步。去年奥斯卡热片之一，《晚安，好运》，是这种耿耿于怀的又一次发作。相比之下，某些社会对残酷、惨烈得多的政治迫害的遗忘速度，不可谓不惊心动魄。

美国版的这四项基本原则，概而言之，无非就是一条，对弱者的同情和保护。它可以说是美国 60 年代以来民权运动的结晶。今天的我，作为一个少数族裔，一个女性，一个无神论者，就差同性恋这一条了，能在美国这块土地上，自由、安全、有尊严地生存，不能不说是得益于这种政治正确的文化。换在100年前，我有可能面临种族、宗教、性别的三重歧视。当然，这些歧视目前仍然存在，但是政治正确的文化基本确保了在公共场合，我不会因为自己的性别、种族、信仰而受到公然的羞辱。

但是，另一方面，因为这四项基本原则，美国人，尤其是公众人物，活在无形的言论审查机制之中。人们私下里关起门来可以畅所欲言，但是一到正式场合，就只能使用一种四平八稳的正确语言，以至于形成了一套政治正确的语汇。比如，聋子不能叫聋子，得叫听力受损的人；比如凡是用到第三人称单数的时候，不能仅仅用他，得说他或者她。所以后来有人对政治正确进行恶搞，说要不家庭主妇也不用叫家庭主妇了，叫居家工程师，胖子也不叫胖子了，叫水平方向受到挑战的人，穷人改叫经济上还没有准备好的人，骗子改叫创造性运用事实的人云云云云。有很多人，尤其是保守团体以及极端自由主义团体，谴责政治正确的文化侵蚀了美国的言论自由。甚至有极端保守派认为，政治正确的文化，不过是在马克思主义在经济社会的变革方面走到山穷水尽之后，试图从文化上腐蚀一个自由社会。

还有很多人抱怨，“政治正确”的文化不是解决了问题，只是回避了问题。黑人犯罪率居高不下，不会因为你电影里把黑人全部塑造为好人而改变。大部分恐怖袭击是由穆斯林分子所为，也不会因为穆斯林们烧了丹麦使馆而改变。Summers的辞职，不能改变女性科学成就偏少的事实。弱者可能的确是历史的牺牲品，但是让弱者沉溺于这种牺牲品的角色里不能自拔，甚至以这种角色为理由去逃避自己的个人责任，去否认这个弱者群体内部的问题，这也的确是政治正确可能导致的陷阱。

围绕着政治正确展开的这种辩论，本质上，是自由社会里，求真与求善之间的冲突。维护政治正确的人，试图在一个充满不平等的世界里，为弱者讨回公道。而反对政治正确的人，试图打开一个没有思想禁区的世界，人们可以在其中尽情地追求真理、畅所欲言。说到底，真实的东西不一定美好，而善良的愿望并不等于事实。

我倒是相信，只要政府不强制推行四项基本原则，用国家机器来镇压政治不正确的思想和言论，政治正确并没有什么可怕的。几千年政治不正确的历史，导致了政治正确的拨乱反正。政治正确的矫枉过正，又导致了政治无所谓正确不正确的回潮。商品市场有一只看不见的手，事实上，观念的市场也有一只看不见的手，在调节观念的平衡。就前面几个案例来说，美国政府没有、也不可能强行要求“幸存者”停放。可以说，美国版的四项基本原则是社会自发创造的原则，也将被社会自身消化。既然是人民内部矛盾，谁胜谁负都不重要，重要的是社会在这种斗争中涌现出来的活力。思想这个东西，就像石头缝里的草，只要没有一只看得见的手将它连根拔起，总能悄悄找到自己的出路。

批判思维

给阿青的一封信

——白先勇《树犹如此》

阿青：

我写这封信给你想跟你谈一些问题，这些问题可能正在困惑着你。我不能说对每个问题都有现成的答案，我只能凭借我个人对人生的观察及体验，给你一些提示，帮助你去寻找你自己认为可行的途径，踏上人生的旅程。

我知道，你已经经历了你一生中心灵受到最大震撼的那一刻，那一刻你突然面对了真正的自己，发觉你原来背负着与大多数人不同的命运；那一刻你可能会感到你是世界上最孤独的人，那突如其来的彷徨无主，那莫名的恐惧与忧伤，恐怕不是你那青涩敏感的十七八岁年纪所能负荷及理解的。当青春期如狂风暴雨般侵袭到你的身体及心灵时，你跟其他正在成长中的青少年一样，你渴望另一个人的爱恋及抚慰，而你发觉你爱慕的对象，竟如你同一性别，你一时的惊慌失措，恐怕不是短期内能平复的。你无法告诉你父母，也不愿意告诉你的兄弟，就连最亲密的朋友也许你都不肯让他知道。因为你从小就听过，从许多人的口中，对这种爱情的轻蔑与嘲笑，于是你将这份“不敢出口的爱”深藏心底，不让人知——这份沉甸甸压在你心上的重担，就是你感到孤绝的来源，因为没有人可以与你分担你心中的隐痛，你得自己背负着命运的十字架，踽踽独行下去。可是我要告诉你，阿青，其实在你之前，也会在你之后，世界上还有不少人，与你命运相同，他们也像你一样，在人生的崎岖旅途上，步履维艰地挣扎过。有的失败了，走上自我毁灭之途。据统计，同性恋者的自杀率及酗酒倾向比一般人高，因为他们承受不了社会的压力，无法解除内心沉重的负担。旧金山是美国同性恋者比率最高的城市，但也是自杀率最高的城市之一，已经有上千人，大部分还是年轻人，从金门桥上，坠海而亡。有的一辈子都在逃避，不敢面对自己，过着双重生活。但也有不在少数的人，经过几番艰辛的挣扎，终于接受了上天赋予他们特殊的命运，更有的还化悲愤为力量，创造出一番事业来。我读过俄国大音乐家柴可夫斯基的传记、日记，以及他写

白先勇（1937年－ ），回族，台湾当代著名作家，生于广西桂林。中国国民党高级将领白崇禧之子。代表作有短篇小说集《寂寞的十七岁》《台北人》《纽约客》，散文集《蓦然回首》，长篇小说《孽子》等。其中《台北人》入选20世纪中文小说100强（第七位，是仍在世作家作品的最高排名）。上图为白先勇(左)和同性恋人王国祥的合影。

给他弟弟的信——他弟弟也是一个同性恋者。我一直深爱他的音乐，但更为他一生感情的折磨所感动。柴可夫斯基开始也不能接受他是同性恋者这个事实，他三十岁的时候跟一个崇拜他的女弟子结了婚，那是一个失败的婚姻，柴可夫斯基一度精神崩溃，企图跳河自杀。事实上他一生最钟爱的人是他姊妹的儿子鲍勃，鲍勃少年时，柴可夫斯基已经与他发生了深厚的感情，二人既有父子之情，又兼师生之谊，日后更变成一对相依为命的情侣。柴可夫斯基在日记上写道：我是如此深爱着他，真可怕。一刻不见鲍勃，他便感到“令人无法忍受的寂寞”。但是社会道德及伦理规范又常常使他内疚自责，他把满腔的幽怨及哀伤都写入了他的“悲怆交响曲”中，那是他最后的杰作，也是他的压卷之作，这首不朽的乐章便是他献给鲍勃的。柴可夫斯基死后不久，鲍勃便自杀身亡了，因为他不能忍受失去了他舅舅呵护爱怜的生活。我当然还可以引许多历史上的名人，从苏格拉底、亚历山大大帝、米开朗基罗到惠特曼来做例子，说明他们虽然天生异禀，但仍旧可以成为人类精神文明的缔造者。但毕竟他们只是少数中的少数。阿青，我希望你明白的是，当你发觉你的命运异于常人时，你只有去面对它、接受它。逃避、怨愤、自怜都无法解决你终生的难题。我并不是说接受了你的命运，以后你的路途便会变得平坦，相反的，我要你知道，你这一生的路都不会好走，因为这个社会不是为少数人设计的，社会上的礼法、习俗、道德，都是为了大多数而立。因此，你日后遭受到的歧视、讪笑，甚至侮辱，都可预料得到，因为社会上一般人，对少数异己难免有排斥惧畏的倾向。但你接受了你不平常的命运，接受了你自己后，至少你维持了为人的基本尊严，因为你可以诚实、努力地去做人。只有在人这个基本条件下，你可以抬起头来，与大家站在一条线上，人生而平等，这是几个世纪来人类追求的理想，也是近年来全世界同性恋人权运动追求的目标。那些参加运动的人，并不是向社会呼吁同情，更不是争取特权，他们只是向社会讨公道：还给他们人的基本尊严。上星期美国同性恋人口最多的城市纽约终于通过了反对歧视同性恋法，这项法律，纽约的同性恋者经过十五年的艰苦奋斗，终于在市议会中通过，此后纽约的同性恋者有了法律的保障，不必再畏惧受到居住、工作等的歧视了。

在人的生活情感中，我想同性恋、异性恋都是一样的，哪个人不希望一生中有一段天长地久的爱情，觅得一位终生不渝的伴侣？尤其在你这种敏感而易受伤的年纪。阿青，我了解你是多么希望有这样一位朋友，寂寞的时候抚慰你，沮丧的时候鼓励你，快乐的时候跟你一起分享。我听到不少同性恋青少年抱怨人心善变，持久的爱情无法觅得。本来，青少年的感情就如同晴雨表时阴乍晴，何况是“不敢说出口的爱”，在社会礼法重重的压制下，当然就更难开花结果了。异性情侣，有社会的支持、家庭的鼓励、法律的保障，他们结成夫妻后，生儿育女、建立家园，白头偕老的机会当然大得多——即使如此，天下怨偶还比比皆是，加州的离婚率竟达百分之五十。而同性情侣一无所恃，互相唯一可以依赖的，只有彼此的一颗心，而人心唯危，瞬息万变，一辈子长相厮守，要经过多大的考验及修为，才能参成正果。阿青，也许天长地久可以做如此理解，你一生中只要有那么一刻，你全心投入去爱过一个人，那一刻也就是永恒。你一生中有那么一段路，有一个人与你互相扶持，共御风雨，那么那一段也就胜过终生了。有的孩子因为感情上受了伤，变得愤世嫉俗、玩世不恭起来，他们不尊重自己的感情，当然也就不会尊重别人的。最后他们伤人伤己，心灵变得枯竭早衰，把宝贵的青春任意挥霍掉。阿青，我希望你不会变得如此，即使你的感情受到挫折，你不要忘了，只要你动过心，爱过别人，你的人生就更深厚了一层，丰富了一层。人生最大的悲哀不是失恋，而是没能真正爱过一个人。我确切地知道，有些同性伴侣，终生厮守，过着幸福的生活。虽然他们的例子比较少，而且需要加倍努力与毅力。阿青，我希望你永远保持住你那一颗赤子之心，寻寻觅觅，谁知道，也许有一天在茫茫人海中，突然会遇到你将来的那一位终身伴侣呢！

阿青，你对一些比你年少的孩子特别温柔照顾，我知道，那是因为你怀念你那早夭的弟弟，你在他们身上找回了一些从前你跟弟弟在一起时那份相依为命的手足之情。你对某些中年男人特别仰慕，那是因为你想从他们那里求得你父亲未能给你的谅解与同情。你在想家，自从你被你父亲逐出家门后，你的飘泊感一定与日俱深了。其实不只是你一个人，阿青，大多数的同性恋者心灵上总有一种无家可归的飘泊感，因为在某种意义上，他们都是被父母放逐了的子女，因为很少父母会无条件接纳他们同性恋的子女，他们发现了他们子女的性倾向后，开始一定恼怒、惊惶、羞耻，各种反应齐来：家里怎么会生出这个怪胎来？他们也许仍旧爱他们的子女，但一定会把子女同性恋的那部分摒除在家门之外。而同性恋子女那一刻最需要的就是父母的谅解与接纳了。本来同性恋子女与父母之间爱恨交集的感情就比较强烈，一旦冲突表面化，尤其是父子间的裂痕会突然加深，父亲鄙视儿子，儿子怨恨父亲。这场家庭冷战，往往持久不能化解。其实同性恋者，尤其是同性恋者的青少年，他们也是非常需要家庭温暖的，有的青少年爱慕中年男人，因为他在寻找父爱，有的与同年龄者结伴，因为他在寻找兄弟之间的友爱，当然也有的中年男人爱上年轻的孩子，那是因为他的父性使然，就像柴可夫斯基爱上鲍勃一般。家是人类最基本的社会组织，而亲子关系是人类最基本的关系。同性恋者最基本的组织，当然也是家庭，但他们父子兄弟的关系不是靠着血缘，而靠的是感情。

阿青，也许你现在还暂时不能回家，因为你父亲正在盛怒之际，隔一些时期，等他平静下来，也许他就会开始想念他的儿子。那时候，我觉得你应该回家去，安慰你的父亲，他这阵子所受的痛苦创伤绝不会在你之下，你应该设法求得他的谅解，这也许不容易做到，但你必须努力，因为你父亲的谅解等于一道赦令，对你日后的成长，实在太重要了。我相信你父亲终究会软下来，接纳你的，因为你到底是他曾经疼爱过，令他骄傲过的孩子。

祝你快乐、成功。

写作训练

1. 当记者问起孙海英对同性恋、双性恋等现象的看法时，孙说："什么叫同性恋，什么叫双性恋啊？这都不是道德堕落、败坏可以形容的，简直是犯罪！这都是违背人性的，都是犯罪！"对于这种论调，你是如何看待的？

2. 以下是广州大学法学院某同学关于同性婚姻合法化的调查报告，请对该调查报告提出修改意见，并说出修改理由。

同性婚姻合法化调查报告

引言：两会期间，著名社会学家、中国社科院社会学所研究员李银河再次发起提案，呼吁同性婚姻合法化，引起了广泛关注。在当今社会，同性恋是个敏感的话题，虽然它已经渐渐为更多人所接受，但仍有许多人对它感到困惑，故在此做一个调查，用以了解大家的看法。

1. 请选择您的年龄：

（1）15 岁以下 （2）15 岁 –20 岁 （3）20 岁 –30 岁

（4）30 岁 –40 岁 （5）40 岁以上

2. 请选择您的性别：

（1）男　　（2）女

3. 请选择您的学历：

（1）初中以下 （2）初中 （3）高中 （4）大专及本科 （5）硕士及以上

4. 请问您的性取向是：

（1）异性　　（2）同性　　（3）双性　　（4）自己也说不清楚

5. 对于当今社会的性倾向问题，您的看法是：

（1）只能接受异性恋

（2）偶尔对同性产生好感，主要还是接受异性

（3）只能接受同性恋

（4）偶尔对异性产生好感，主要还是接受同性

（5）只要感情真挚，无所谓性别之分

6. 您认为同性恋是一种正常现象么？

（1）不正常，是种心理疾病现象

（2）正常，同性恋和异性恋一样是人类正常的心理现象

（3）不知道，不了解

7. 您认为导致同性恋的原因？（多选）

（1） 先天性因素（如遗传、基因、激素）

（2） 后天成长环境

（3）不知道，不了解

8. 您认为同性恋之间会长久吗？

（1）通常不会　（2）一般会　（3）希望他们会

9. 您认为造成同性恋分开的主要原因是：

（1）为世俗所不容也没有制度保障

（2）同性恋多数没有真感情，玩玩就算

（3）和常人一样，不合则分

（4）不了解，应该去问他们本人

10. 您认为同性恋是对社会与家庭严重不负责任吗？

（1）不是　（2）是　（3）希望家人与社会能够理解

11. 如果您的孩子是同性恋，您会：

（1）坚决反对，棒打鸳鸯，并想尽办法促成其与异性恋爱

（2）坚决反对，如果他 / 她死不悔改，就当没他 / 她这个孩子

（3）如果无法改变就顺其自然，不会断绝亲子关系

（4）只要孩子真的幸福，就支持他

12. 您觉得同性恋会怕坏家庭伦理纲常吗？（如谁是爸爸谁是妈妈）

（1）会，这样会对他们的孩子心身健康成长不好

（2）不会，因为家庭是爱来维持的，只要引导得当，孩子是可以理解的

13. 您对同性恋人群的总的看法？

（1）与正常人一样，也没什么　　（2）喜欢滥交，传播性疾病

（3）觉得他 / 她们不正常，并感到恶心　（4）没啥感觉

14. 您如何看待现在市场上充斥的同性恋书籍及电影

（1）大多是糟粕文化，荼毒人的精神世界

（2）大多是感人凄美的故事，震撼人的心灵

（3）和其他文化一样，有好有坏，都需要积极引导

15. 您认为为什么有人喜欢同性恋文化

（1）同病相怜，消费人群很多都是同性恋

（2）通常被里面的内容所感动

（3）因为其内容通常既陌生又刺激

（4）不知道，不了解

16. 您认为同性恋文化有何作用

（1）没作用，完全是糟粕的文化

（2）使人们更深入地理解同性恋，并促进观念的更新

（3）没什么作用

以上是社会对于同性恋的态度，以下是同性婚姻合法化的问题，请认真回答。

1. 您认为婚姻：

（1）是每个人应有的权利，是个人的自由，法律应予以同等的保护

（2）不只是个人之间的事，更关乎整个家庭的和谐，个人应该慎重

（3）不只是个人与家庭的事情，更是社会问题，应为社会所接受

2. 您是否支持"同性婚姻"合法化？

（1）支持　（2）反对　（3）与我无关

3. 您认为同性婚姻合法化现时最大的阻碍是：

（1）有违中国人的传统观念，不被多数人接受

（2）同性恋会导致性疾病的高传播率，影响国民健康

（3）传宗接代成为问题，家庭矛盾激化

（4）同性恋也会使国家的下一代成为问题

4. 您认为同性婚姻合法化在中国有没有可能实现

（1）完全有可能　（2）完全没可能　（3）视情况而定

5. 您认为承认"家庭伴侣关系"相关的法律与同性婚姻合法化有何区别？

（1）没有什么不同，一样是同性婚姻合法化的表现

（2）不同，同性婚姻合法化意味着修改现时的婚姻法

（3）不同，婚姻法不仅调整人身关系与财产关系，更是一种伦理的体现

6. 您认为现时中国是否可以先行制定"家庭伴侣关系"相关的法律

（1）可以作为实践，积累经验，而且人们也比较容易接受

（2）不可以，人们一样不会接受

7. 您认为同性婚姻合法化是否意味着国家提倡公民同性恋：

（1）有这种意思，会对社会与公民产生一定的导向作用

（2）不会，那意味着社会进步，宽容度扩大

（3）不会，那意味着国家更重视以人为本，保护公民权益

（4）不会，那仅仅是承认同性恋的合法性，对公民平等保护

8. 您认为同性恋合法化需要：

（1）同性恋者自身的自律与努力才能够得到认同并实现

（2）全社会观念的更新、理解与包容

（3）需要国家适当的干预与引导

3. 在下列影片中任选一部加以观赏，撰写影评一篇，字数控制在2 000字左右。

（1）李安：《断臂山》

（2）王家卫：《春光乍泄》

（3）关锦鹏：《蓝宇》

（4）张元：《东宫西宫》

（5）乔纳森 · 戴米：《费城故事》

第九课　为民主辩护

目标导引

在反对中国实施民主制度的声音中，最喧嚣的论调就是国民素质论，中国当代国民素质真的不适合搞民主吗？民主究竟是个什么东西？为什么中国人为之苦苦奋斗了一个世纪，还是效果甚微呢？我们距离独裁究竟有多远？为什么胡适先生要大声疾呼“宪政是宪政最好的训练”呢？你是如何看待中国近来“走向宪政”的民主思潮的？

思辨现场

1. 国民素质论

——作者：韩寒

记者：革命不一定是暴力革命，“天鹅绒革命”就是完美的典范。

韩寒：我不认为“天鹅绒革命”能够发生在中国。不谈当时的国际局势，也不说整个捷克的人口只有北京的一半。相信“天鹅绒革命”其实就是选择相信了民众的素质、执政者的忍让、文人的领袖，这三者的共力才能形成“天鹅绒革命”，我认为这三者在中国全部不存在。你不能把一场完美的革命常挂在嘴边来反驳也许未来不完美的改革。我理解中国很多文人和学者对“天鹅绒革命”的感情，他们甚至能够在脑海中将自己代入哈维尔的角色暗自感动。但无论中国发生暴力革命或者非暴力革命，文人所处的地位和角色远远比他们想象的要低得多，更别说能作为领袖了。而且国民素质越低，文人就越什么都不是。你也不能用完美的民主、完美的自由、完美的人权从字面上解释应该什么样子的来逃避中国的现实。改革和民主其实就是一场讨价还价的过程，你不能盼着执政者看了几本书忽然感化把东西全送给你。你不能天天盼着“天鹅绒革命”，再由你来扮演哈维尔，并瞬间让每个中国人有一张选票，还都不能被贿选。捷克至今也不是普选。所以我的观点很简单，暴力革命我们都不愿意发生，“天鹅绒革命”不可能在近期的中国发生，完美民主不可能在中国出现，所以我们只能一点一点追求，否则在书房里空想民主和自由憋爆了自己也没有意思，改良是现在最好的出路。

记者：你得出的结论就是中国人素质太低，不适合民主。政府有没有给你维稳的回扣啊？

韩寒：我不知道你如何看出了这个结论，我觉得我已经写得很通俗了。民主不是适合不适合的事情，它迟早会到来。国民素质低并不妨碍民主的到来，但决定了它到来以后的质量，谁都不希望来个卢旺达式的民主，虽然这并不是真正广义的民主。有时候缓缓来，有时候突然来。也许它来得不那么彻底，来得不那么全部，来得不那么美式，来得不那么欧式，但在你的余生里，它一定会来，回首起来，可能还来得有点平淡。

记者：你的意思是一切只能靠执政者的恩赐，而不是人民自己的争取？

韩寒：给执政者压力当然重要，但遗憾的是，执政者的配合更重要。这的确需要运气和人品。现在社会各个阶层是割裂的，比如执政者，你动车事件闹得再大，他们依然淡定，觉得这是民间的事情，不费一兵一卒，时间自动摆平，执政者的家属可能完全不关心这事，只关心谁要上谁要下，谁的岁数差一点，XX位置怎么排。而在这样的舆论压力下，事情依然能自然过去。当然，更有可能是他们都没有感受到舆论压力。好比你账户里有十亿，你丢了一千块，你自然不紧张。文化界兜里加起来的总和就五百，而他们认为统治者兜里也就三千，所以我觉得他们是放大了统治者的焦虑。人家完全没考虑你的问题。而文化界很多人认为一切的问题就是体制的问题，仿佛改了体制一切都迎刃而解，他们虽然善良正义，嫉恶如仇，但要求农民和工人和他们拥有一样的认知，甚至认为全天下都必须这么思考问题。可事实往往有些让人寒心。

因为拉力赛都在偏远地方举行，我这些年去了上百个各种各样的县城，这些都不算特别封闭和贫瘠的地方，我和各种各样的人聊天，他们普遍对民主和自由的追求不如文化界想象的那么迫切，他们对强权和腐败的痛恨更多源于为什么不是我自己或者我的亲戚得到了这一切，而不是如何去限制和监督，只有倒霉到自己头上需要上访的时候才会从词典里捡起这些词汇来保护自己，只要政府给他们补足了钱，他们就满意了。一切能用钱解决的社会矛盾都不算什么矛盾。而知识界普遍把国民对这些词汇的这种应急应用当成了他们的普遍诉求，觉得与文化界达成了共识。我不认为在分歧和割裂这么大的国家里能有一场美好的革命。你也许觉得这正是执政者驯化的结果，所以要改变执政者。但现实就已经这样了，那一两代人已经这样了。但是幸运的是，我和他们的子女聊天时，互联网和各种传媒已经或多或少地打开了他们的眼界。所以我并不悲观。

中国共产党到了今天，有了八千万党员，三亿的亲属关系，它已经不能简单地被认为是一个党派或者阶层了。所以共产党的缺点很多时候其实就是人民的缺点。我认为极其强大的一党制其实就等于是无党制，因为党组织庞大到了一定的程度，它就是人民本身，而人民就是体制本身，所以问题并不是要把共产党给怎么怎么样，共产党只是一个名称，体制只是一个名称。改变了人民，就是改变了一切。所以更要着眼改良。法治、教育、文化才是根基。

对于以上记者和韩寒的对话，我们可以概括为“国民素质论”或“国情论”。这是耳熟能详的一套不赞成中国当前发展民主的理论。这种论调认为在口头上也讲民主是国家的奋斗目标，但又夸大了实现民主的条件。认为中国人口众多，经济不发达，公民素质低，中国国情决定了现在不能搞民主。你是否同意这种论调？请分条陈述你的理由。

	同意国民素质论	反对国民素质论
理由 1		

理由 2		
理由 3		

2. 世界离独裁有多远?

——熊培云《世界离独裁只有五天》

今日世界，多数国家都已经实现了政治民主化，而尚未实现民主化的国家也正在试图从“后极权”的坑坑洼洼中走出。许多人可能会认为，当历史翻过黑暗的一页，过去那个血腥而愚昧的时代将一去不复返了。然而，真的可以高枕无忧了吗?

世界离独裁有多远?35 岁的德国导演丹尼斯 · 甘赛尔（Dennis Gansel）通过他杰出的电影《浪潮》（*Die Welle*）给出了一个惊人的答案——世界离独裁只有五天。

《浪潮》是根据美国加州帕洛阿尔托市克柏莱（Palo Alto Cubberley）高中发生的真实历史事件改编。那是在1967年4月的一节历史课上，一位学生向老师罗恩·琼斯（Ron Jones）提了个问题："为什么德国人声称，对于屠杀犹太人不知情？为什么无论农民、银行雇员、教师还是医生都声称，他们并不知道集中营里发生的惨剧？"对此，琼斯不知道如何回答。之后他决定，大胆地进行一项实验。他要重建纳粹德国，一个微型的纳粹德国，就在他的教室里。他想让他的学生们亲身体会法西斯主义，不仅体会其恐怖，也体会其魅力。而且，不出琼斯所料，正如《浪潮》所表现的，越来越多的人加入到这一实验中，陷入一种难以自拔的狂热，而且告密成风。五天以后，当几百名学生在礼堂里伸出手臂向琼斯致以崇高的"浪潮"问候礼时，你首先能想到的，或许正是里芬斯塔尔在《意志的胜利》（1934）中记录的德国人向希特勒欢呼的场面。不过一切还好，琼斯最后控制了局势，戛然而止——"我们差一点就成为了优秀的纳粹。"在最后的聚会上，琼斯接下来给学生们播放了一部关于第三帝国的影片：帝国党代会、集体、纪律、服从，以及这个集体的所作所为：恐怖、暴力、毒气室。琼斯看着一张张不知所措的脸。最初的那个问题得到了回答。

"纳粹速成班"不仅为观众展示了一个微缩的纳粹德国，也清晰地呈现了这些学生如何走上奴役之路。与之同时进行的是个体如何被集体化被异化。

在第一节课上，当被问及"独裁统治的基础是什么"？学生们的回答包括意识形态、控制、监视、一位元首等等。同样，高失业率与社会不公、通货膨胀、政治信用破产、民族主义等等，这一切都有利于独裁的诞生。不过，这都是一些从书本上学来的知识，当这一切变成一种日常的和风细雨时，"浪潮"成员们似乎都失去了警觉，而是沉醉于他们的同志友爱和共同理想。

在《浪潮》中，观众几乎可以看到所有有关独裁的典型元素：没有原则的集体主义，泯灭个性、消除差异的制服，对异己的隔离与言论自由的取消，一个元首，替罪羊，光天化日之下类似黑话的手势，煽动性的反政府演讲，利他名义下的强迫，对未来利益的许诺，标榜团结的仪式，归属感等等。

而且，“浪潮”不仅是一个平等的集体，也是一个健康的集体，站起来回答问题首先是“为了促进血液循环”。星期六的会场上，当文格尔指责马尔科是受女朋友唆使的“叛徒”时，旁边一位女生称马尔科“已经被传染了”。在他们看来，谁反对“浪潮”谁就是瘟疫。只有拥护“浪潮”的人才是健康的。为了维持这种健康，文格尔在演讲中指责德国在全球化过程中成为输家，政治家根本是经济的傀儡。“当我们把自己的星球一步步推向毁灭的时候，那些富人却在一旁摩拳擦掌，建造空间站，还想从高处来欣赏这一切。此时此地，我们要创造历史。从现在开始，浪潮将席卷全国，谁阻止它，浪潮就将它吞噬。”也正是这个原因，觉醒者马尔科被当作敌人要被“浪潮”清除、吞噬。

关于为什么加入并沉醉于“浪潮”，文格尔选读了学生们的部分感想：“这几天的生活十分有趣，谁最漂亮，谁成绩最好都不重要，‘浪潮’让我们人人平等。出身、信仰、家庭环境都不重要，我们都是一场运动的一分子，‘浪潮’让我们的生活重新有了意义，给了我们一个可以为之奋斗的理想。”“从前我总是惹是生非，‘浪潮’让我投身于一件有意义的事，这就足够了。”“如果我们能够相互信任，可以取得如此巨大的成就，我愿为此重新做人。”

然而，这种平等，正如托克维尔在1848年的一篇演讲中所提到的：“民主扩展个人自由的范围，而社会主义却对其加以限制。民主尽可能地赋予每一个人价值，而社会主义却仅仅使每一个人成为一个工具、一个数字。民主和社会主义除了‘平等’一词毫无共同之处。但请注意这个区别：民主在自由之中寻求平等，而社会主义则在约束和奴役之中寻求平等。”显而易见，“浪潮”寻求平等的过程，实际上也是一种通向奴役之路的过程。

正如文格尔最后揭开谜底时所说的：“你们还记得我曾经问过的问题吗，独裁统治是否会实现，而我们现在正在做的，就是法西斯主义。我们自以为高人一等，比别人优秀，我们将所有反对我们的人排在这个集体之外，我们伤害了他们，我们不知道还将会发生多么严重的事情。”“浪潮”本是个中性词，当它成为一种暴力，便成了吞噬一切的恶。

观看影片《浪潮》，思考造成“世界离独裁只有五天”如此之近的主要原因有哪些？请将你的分析结论按照重要性罗列在下列表格中。

	通向奴役之路
原因 1	
原因 2	
原因 3	

概念辨析

1. 什么是民主

——蔡定剑《民主是一种现代生活》

如果我们对当今民主理论和民主制度的基本原则作一总结归纳的话，对什么是民主可以作以下回答：

民主是一种管理体制。其中统治者在公共领域中的行为要对公众负责，这种负责是建立在定期举行的、全体公民自由参与的、公开和公正的选举基础上的；

民主是以多数决定，同时尊重个人和保护少数人的权利；

民主制避免使政府权力集中在某一个人或某一个机构手里，也避免中央政府具有至高无上的权力，地方实行一定的分权和自治，地方政府也必须是对人民开放和对人民负责的；

民主政府充分尊重人民的选择，并在各个政府和非政府的层面上，只要涉及到人民利益的决策，都要充分保证人民的知情权和参与权，由人民进行充分协商后再做出决定；

民主充分保护公民个人的自由：民主政府首要的职能是依合法程序及平等的法律保护基本人权，保护言论和表达自由、宗教和信仰自由，保护法律面前人人平等的权利，保护人们组织和充分参与社会政治、经济和文

蔡定剑(1955年-2010年)，中国著名宪政专家、中国政法大学宪政研究所所长。被誉为中国人大制度研究第一人、一位具有伟大人格力量的民主战士，也是中国民主事业中为数不多的能够独当一面的一员大将。著有《宪法精解》《民主是一种现代生活》《走向宪政》等。

化生活的机会；

民主政府遵循法治，遵循法律的正当程序，公民权利受司法的有效保护，为此需实行司法独立，独立的、职业化的法官可以自主地依法做出裁决。

民主制度遵循多元化，反映各种不同的政治、社会和文化生活特点。公民有法律保障的平等表达意愿的机会，多元主义，政治过程是建立在众多交互重叠，自愿组织起来的、自治的私人团体之上的；

民主社会奉行宽容、合作和妥协的价值观念，民主社会认识到，达成共识需要妥协，即使是时常无法达成共识。

可见，民主理论和民主制度就是在人类社会长期实践中，在不断的反思和批评中发展、日臻完善。现代意义上的民主已经不是像反对者所简单化的 “多数决定论”，也不是片面的“选举式民主”，它不仅是一种从国家权力产生，国家权力结构，到公民权利保护的国家制度，也是一种公民享有充分自由，广泛参与社会和公共事务的生活方式。反民主论者把民主片面和狭隘地解释为“多数决定论”和“选举式民主”，否定人民参与决策和保障自由等一系列的民主基本原则，如果不是对民主的无知，就是对民主的有意歪曲。

批判思维

1、民主与公民素质

——蔡定剑《民主是一种现代生活》

民主与公民的素质有关吗？很多人都会认为公民素质是实行民主的重要条件，中国长期以来就是以“公民素质”太低来否认进一步发展民主的可能性。这种理论认为：中国公民素质太低，特别是九亿农民素质太低，所以，不宜扩大直接选举，发展民主。

“公民素质论”或“国情论”在中国由来已久，并且近代以来很多伟大的思想家和政治家都持有此种看法。康有为、梁启超是近代中国传播西方思想的先驱，但康有为认为在中国实行民主不合实际，让普通百姓民主犹如“程度未至而超越为之，犹小儿未能行而学窬墙飞瓦。”康先生主张君民共主。孙中山是伟大的资产阶级革命者，但他也不主张立即给公民以权利，更反对给公民以自由。在他看来，中国人的素质太低，“初次脱去奴隶的地位忽然升到了主人的地位，还不知道做主人的方法，实行民权，所以他们更目无主人，胡行乱为”。毛泽东依靠农民取得革命成功，但当取得政权后又不信任农民，认为农民只能被领导，不能做主。所以他提出“严重的问题是教育农民”。由于对国民的不放心，总是强调“我们主张有领导的自由，主张集中指导下的民主”。可见，“公民素质低”的认识是中国长期以来发展民主的重要理论障碍。

尽管民主的实行与公民的受教育程度和文化素养有密切关系，但是，决定一个社会公民是否有参政热情和要求，主要不是公民的受教育程度，而是经济利益。一位法国专家告诉我他正在进行的一项移民政治参与的研究。他说，在法国来自北非的移民也常被指责缺少民主素质。调查显示，这些人也像其他人一样去教堂，也送子女上学，也关注自己周围的事，也对代表他们利益的组织感兴趣，这些现象说明他们是有兴趣和热情参与政治的。他们为什么没有参与？是制度没有给他们参与的渠道。这种情况说明公民没有政治参与热情是制度有问题，而不是他们的素质有问题。指责公民缺少民主素质是把因果搞颠倒了。不是老百姓没有民主素质，而是因为没有提供有效的参与民主的渠道，使他们对政治失去信心，才使公民对政治不感兴趣，不给参与政治，使公民丧失民主素质。

公民素质论被历史实践证明是站不住脚的。如果说公民素质是一种文化和受教育程度，我们怎么解释有5 000年文化熏陶的、二十一世纪的中国公民还不如二百多年前被放逐到北美大陆的那些清教徒和流浪者？中国公民受过五十多年马克思主义等“先进”文化的教育，他们的素质难道比那些长期受“腐朽文化”教育的国家公民还低吗？曾长期从事中国农村基层民主推动工作的前民政部基层政权建设司王振耀非常了解中国农民的情况，他走过中国大地一千多个乡村，亲眼目睹和指导了那里土渣渣的选举。他说：民主不是由素质决定的，民主是一种利益关系。说农民素质低，难道中国人比非洲人的素质还要低吗？中国的识字率远远高于印度、非洲，印度和非洲可以选总统，我们农民难道连一个村主任还选不了？印度有60%的文盲，印度的选举是用各种符号来代替的，什么钢笔、手、茶缸之类，你选钢笔，就代表某人。五十多年前，农民就跟着中国共产党闹革命，你能说农民素质低？我看倒是我们一些官员素质低。现在有许多农民研究法律，口袋里经常装着宪法、村民委员会组织法，有的农民对中央关于农民、农村的政策背得烂熟，比我们许多领导强得多。

一个国家是否建立民主制度或法律制度与普通公民的素质没有直接关系，它与统治者和精英建制有关。在任何社会，民主制度确实需要统治者和精英推动和建设，作为普通民众虽然不能创建民主制度，但没有人是不能享受民主的。就像普通人可能不会发明扑克，但经过简单的告知规则后，没有人不会打扑克。民主制是由有文化教养的人建立的，但不是全社会公民都要达到一定的教育程度为条件。古希腊的民主制与西方近代民主制建立，并不是当时社会公民的文化教育程度决定的，而是利益要求在政治上的表现。民主是不同利益在政治上谈判在制度上建立的权力框架。

现在的问题是，不是人民能不能搞民主，而是很多地方自发地创造了许多民主形式，特别是自发地进行了扩大直接选举和实行竞争选举的改革探索，而得不到肯定和赞同。可见，民主不是会不会、能不能的问题，而是给不给做的问题。说公民素质差搞不了民主显然只是个伪问题和托词而已。

我们知道在国外民主制国家中都有不少华人，老一代华侨大多都是贫苦人、不识字，在国外大多也只能靠低下的体力劳动为生，他们在民主制下照样成为一个能很好行使民主权利的公民。在国内，不少人指责国人素质低，不太讲规矩、守秩序，不遵守法律。同样是华人，在新加坡，他们很守秩序、讲规矩、守法制。1978 年邓小平访问新加坡时李光耀对他说，我们新加坡人都是福建、广东沿海一带贫苦的农民和渔民的后裔，祖先都目不识丁。不是你们中原那些达官贵宦和文人墨客的后代，没有什么事情是新加坡人能做到，中国人不能做到的。新加坡能够在华人社会建立一个良好的法治社会，这说明，没有低素质的公民，只有落后的制度。人成就制度，但制度更成就人。对普通公民说，无论是民主还是法制素养更需要靠制度培养。

二十多年来，中国民主发展事实已经证明“公民素质论”是没有根据的。我自己组织的一次公民选举参与的调查结果，与前面几位的观点是完全相同的。调查表明，公民的民主参与要求，如选民是否参加选举投票，与经济发达水平、公民受教育程度、生活水平、政治身份没有直接的关系，而是与个人利益和个人是否有效地参与有关。农民对选举的积极性、参与选举的主动性和对选举改革的信心等方面比城市居民和大学生、知识分子等群体要高得多。中国民主选举的发端地不是发端在北京、上海等经济文化发达的地区，也不是发生在受过良好教育的知识群体中。恰恰相反，农村基层民主的开创者和发源地，不少都是在经济不很发达，有的还是问题比较多的“后进”村里搞起来的。如村委会的海选是从那些经济文化发展中等程度地区如吉林、山西、河北等地先发展起来的。乡镇长和党委书记的直接选举改革是在四川的遂宁市、雅安市和云南的哈尼彝族自治州等这样偏远落后的地方探索的。在这些地方制定的直选和竞选改革办法和规则是没有国家法律可依的情况下自己设计的，却相当公平、合理和民主，比大会堂里制定的法律毫不逊色，且更科学和有用。

我亲自观摩了一些选举改革的地方，看到农民风雨无阻、扶老携幼奔向投票站，看到他们不顾寒冷的冬天要在操场或礼堂一等五六个小时，直到出选举结果才回家吃饭，你会感受到农民对民主的高度热爱和热情；当你看到农民拿到选票就像当年拿到土地证一样由衷地喜悦和感激，听他们说共产党1949年给农民发土地证是给了他们经济上的翻身，今天发给选票是让他们政治上真正当家作主时，你会感到农民对民主选举深刻的认识和内心的渴望；一些农民为了维护自己的选举权利，那样坚定、义无反顾地同阻挠他们的官僚们和村里既得利益者不屈地斗争，多少愤怒的农民联名要求罢免不合法选举产生的、腐败的村委会干部，不顾阻挠，不畏严寒，四处奔走，甚至进京上访。有的人冒着被打击报复的危险，有的人被非法关押、甚至被判刑。他们追求民主的大无畏精神令人感动。当我们看到当前中国农村民主发展的这些生动而真实的景象，你会觉得那些指责中国人素质太差搞不了民主的知识分子和领导者对民主和农民的认识是多么无知和可笑！

2. 论独裁

——布罗茨基《小于一》 黄灿然 译

疾病与死亡也许是独裁者与其臣民唯一的共同点。仅就此而言一个民族可以因受一个老人统治而得益。这不是说人们意识到他们自己的道德非得有教导作用或使他们变得老练，而是说，一位思考其新陈代谢的独裁者所度过的时间乃是窃取自国家事务的时间。国内和国际的平静都是与导致你的党第一书记或你的终身总统饱受困扰的痼疾之次数成直接比例的。即使他有足够的理解力去学习蕴含于每种疾病中那种额外的冷酷之术，他通常也会颇为踌躇，不敢贸然把这种获得的知识拿去应用于他的宫廷阴谋或外交政策，仅是他本能地寻求恢复他以前的健康状况或干脆相信他已完全康复就能说明这点。

就独裁者来说，思考灵魂的时间总是被用于策划维持现状。这是因为一个处于他那种位置的人是无法在现在、历史和不朽之间作出区别的，三者皆为了他自己和全部人口的方便而被国家宣传融为一体。他嗜好权力就像任何老人嗜好养老金或银行存款。有时一些似乎是高层清洗异己的举动总是被全国人民视为企图维持稳定，而全国人民正是为了稳定才首先让独裁制度建立起来的。

金字塔的稳固是很少依赖其尖顶的，然而却是那尖顶引起我们的注意。不一会儿观赏者的眼睛便因其难以忍受的完美外形而疲倦了，于是要求改变。然而，当改变来了，却总是更糟。至少可以说，一个为避免对于他那种年龄来说尤其难受的羞辱和不安而斗争的老人是颇有预见性的。他在那场斗争中可能会很血腥和卑鄙，却不会影响金字塔的内部结构或其外部形状。而他斗争的对象，他的死对头们，受到他的恶毒对待却是应得的，仅就他们的野心因年龄的差别而犯了同义反复这点而言就活该如此。因为政治即是几何式的纯粹，它采用丛林法则。

在那尖头上，只有供一个人占据的空间，而他最好是年纪老迈，因为老人从不假装自己是天使。年老的独裁者的唯一目的是维持其地位，他的煽动和伪善并不要求其臣民非得相信或进行实质的扩散不可。而怀有真实或虚假的热情和献身精神的年轻新贵到头来往往导致公众越发强烈的犬儒主义。回顾人类历史，我们可以担保说，犬儒主义是社会进步的最佳码尺。因为新独裁者总是采取新牌的伪善和残暴。有些更热衷于残暴，另一些则更热衷于伪善。想想那些独裁者吧，他们总是以不止一种的方式来鞭挞他们的前任，并且再一次倒扭公民的臂腕以逼旁观者的思想就范。对一位人类学家（在这件事情上是一位极端孤高的人类学家）来说，这种发展是非常有益的，因为它拓宽了人们的种类概念。然而，必须指出，上述进步既拜科技的进步和人口的总增长所托，也有赖于个别独裁者的独特邪恶。

布罗茨基（1940年–1996年）俄裔美国诗人，散文家，诺贝尔文学奖获得者。生于列宁格勒。15岁即辍学谋生，打过许多杂工，很早开始写诗。发表在苏联地下刊物上，1964年受当局审讯，被定为“社会寄生虫”，判刑5年，后来当局迫于舆论压力，在其服刑18个月后予以释放，1972年被放逐后移居美国，起初8年在密歇根大学任驻校诗人，后在其他大学任访问教授，1977年加入美国籍，1987年因其哀婉动人的抒情诗作品获得诺贝尔文学奖。自称为“俄语诗人与英语散文家的愉快结合”。著作诗集《诗选》（1973）、《言论之一部分》（1980）、《二十世纪史》（1986）、《致乌拉尼亚》（1984）以及散文集《小于一》（1986）等。

今日，每一种新的社会政治体制，无论是民主的还是极权的，都已进一步远离个人主义精神，而走向群众的一呼百应。存在的独特性这一理念已被匿名性取代。个性与其说是遭刀剑泯灭，不如说是遭阴茎泯灭，并且，无论一个国家多么小，它都需要或者说屈从于中央计划。这种事情很容易繁殖出各种形式的专制制度，而独裁者们自己则可被视为电脑的淘汰版。

但是，如果他们仅仅是电脑淘汰版的话，那也不是什么坏事。问题在于，独裁者有能力采购新的、尖端的电脑，并致力于为它们配备人员。淘汰型硬件跑赢先进型的例子多的是。例如希特勒诉诸扩音器，又如斯大林利用电话监听系统铲除政治局的异己。

人们变成独裁者不是因为他们拥有独裁的天赋，也不是因为纯粹的机遇。如果一个人拥有这样的天赋，他通常会取捷径，成为家族独裁者，而真正的独裁者却是以害羞闻名的，并且不是非常有趣的家庭男人。独裁者的工具是政党（或军队，它有着与政党相似的结构），因为，如果你要达到某种东西的尖顶，你就得拥有某种具备垂直地形的东西。

现在，一个政党不同于一座山，或者好些，不同于一座擎天大厦，它实质上是一种由精神上或其他方面的失业者发明的虚构的现实。他们来到世上，找到其有形的现实，擎天大厦和山岳，完全占领它们。因此，他们的选择处于等待旧制度的空隙与创造他们自己另一种新制度之间。后者合他们的胃口，因为做起来更划算，仅是他们可以立即动手干起来就能说明这点。创建一个政党本身就是一种职业，并且在这点上还是一种需要专心致志的职业。它显然不用立即赢利；可是这种劳动并不辛苦，并且在不连贯的吸气中有着大量的精神安慰。

为了掩饰其纯粹的人口统计学本源，一个政党通常会发展自己的意识形态和神话。总的来说，它总会在旧的形象中创造新的现实，模仿现存的结构。这种技巧既遮掩缺乏想象力，又为整个事业增添某种真实的气氛。顺便一提，这就是他们之中有很多人欣赏现实主义艺术的原因。从整体而

言，想象力的缺席比出席更真实。政党纲领的沉闷及其领导人那种乏味而无甚可观的外表吸引了群众，他们把它视为他们自己的反映。在人口过剩的时代；恶（以及善）变得与其对象一样的平庸。要成为独裁者，最好是沉闷。

他们人沉闷，生活也沉闷。他们唯一的奖赏是在往上爬时获得的：看着对手被超过、推开、降级。在本世纪初政党林立的时候，尚有额外的快乐，例如派发粗制滥造的宣传小册，或躲避警察的监视；此外尚有在秘密大会上发表热情的演讲的快乐或用政党的金钱到瑞士阿尔卑斯山或法国里维埃拉休养的快乐。现在这一切已一去不复返了。剩下的是等待推广的游戏、永无休止的繁文缛节、文书工作、寻找可靠的伙伴。就连细看你的舌头的那种战栗亦不复存在，因为它肯定不值得引起你那些装满窃听器的墙壁的注意。

使人爬到顶尖的，是时间的缓慢消逝，他们的唯一安慰是时间赋予这一事业的真实感：被时间消耗的即是真实的。即使在反对派的基层中，党的前进也是缓慢的；至于执政党，则一点也不用焦急，并且经过半个世纪的主导统治之后它本身也已具备分配时间的能力。当然，就维多利亚时代对理想的理解而言，一党制与现代的政治多元主义并无多大区别。但是，加入当前的唯一政党仍然比不忠的平均数目划算。

然而，不管你多么机灵，也不管你的记录多么无可挑剔，你都不大可能在六十岁之前进入政治局：在这种年纪，生命已是绝对不可逆转的了，而如果一个人握住权力的缰绳，他只会把拳头攥紧至断气为止。一个六十岁的人不大可能去尝试任何有政治经济风险的事情。他知道他只剩下十来年时间，而他的快乐几乎具有美食学和科技的本质：精致的食谱，外国香烟，还有外国汽车。他是一个现状人，这种人在外交上有利可图，因为他的导弹储藏量正在稳步增长；在内务上却无法忍受，因为在那里做事即意味着使当前局势恶化。尽管他的死对头可能会利用后者，他却宁愿消灭他们而不愿着手进行任何改革，因为一个人总是对使他取得成功的那种秩序怀有一点儿眷恋之情。

良好的独裁制度的长度一般是十五年，至多二十年。超过这个长度，将无一例外地滑入兽性。接着你也许就可以获得见诸发动战争或国内恐怖或两者兼而有之的那种显赫权势。幸运地，自然规律发挥其威力，有时候及时地诉诸那些死对头之手，即是说，在你的老人决定制造一些恐怖事件使自己不朽之前动手。那些其实已一点也不年轻的年轻干部从底下往上挤，把他推进了纯粹时间的蓝色彼岸。因为在抵达尖顶之后，那是唯一可以继续下去的途径。然而，自然规律往往必须单独行动，且要遭到国家安全机关和独裁者私人医疗队两者的顽固反对。外国医生被请进来把你的老人钓出他沉没下去的衰老的深渊。有时候他们的人道救援努力成功了（因为他们的政府本身也极有兴趣去维持这种现状），足以使这位伟大的老人去重新对他们各自的国家发出死亡威胁。

最后两方面都放弃了。机关也许比医生更加不想如此，因为就一个即将受到临近变动影响的家长制而言，医药的作用已属次要。但是就连机关最后也对那位它们肯定要比其活得更长久的主人厌倦了，而当保镖把脸孔别过去，这时死神便拿着长柄大镰刀、锤子和铡刀溜了进来。翌晨全国人民不是被准时的公鸡吵醒而是被扩音器倾盆而出的一浪浪肖邦《葬礼进行曲》吵醒了。然后是按军队仪式举行的葬礼，马匹拖着炮车，前面有一队士兵捧着一些红色小垫，上面摆满以前用于像一只胸前挂满牌子的获奖狗一般装饰独裁者外衣的勋章和军衔。因为他就是这样的：一只跑赢而获奖的狗。而如果全国人民一如时常会有的那样哀悼他的亡故，他们的眼泪也是输钱的赌博者的眼泪：全国哀悼其失去的时间。然后政治局成员露面了，肩起那覆盖着国旗的棺材：这是他们唯一共有的分母。

当他们抬着死去的分母时，照相机便咔嚓作响，外宾和本国人屏息凝视那些神秘莫测的面孔，试图找出哪个是继承人。死者可能自负得留下一个政治遗嘱，但它是绝对不会公开的。这个决定须由政治局一次闭门（即是说，向全国人民闭门）会议悄悄作出。也即是绝密的。秘密性乃是党的一个古老的烦恼，呼应其人口统计学本源，呼应其光荣的非法往昔。然而那些面孔什么也没有披露。

他们把这件事做得更为成功，因为实际上并没有什么可以披露。因为情况只会更加一样。那位新人只会在外形上与那位老人有所不同。在精神和别的方面他注定要成为那具死尸的彻头彻尾的翻版。这也许就是最大的秘密。想想吧，党的人事更换是我们最接近苏醒的事情。当然，重复令人厌烦，但是如果你秘密重复一些事情却仍有乐趣的余地。

然而最有乐趣的事情莫过于明白到这些人之中任何一个都有可能成为独裁者。至于导致这种不明朗和混乱的原因，则无非是供过于求而已。我们不是在与一个个人的独裁打交道而是在与一个政党的独裁打交道，这一事实就已经使独裁者的产量达到与工业同步的水平。考虑到个人主义投降的速度是如此之快，不能不说这个党在总体上是十分精明的，在具体上又是十分机灵的。换句话说，今天“谁将成为谁”这一猜谜游戏其浪漫和陈旧就如棒接球，只有自由选举的人，才会去沉溺于玩它。鹰钩状侧面像、山羊胡子或铁锹式胡须、海象似的或牙刷似的八字须的时代早已过去了；

不久之后就连粗眉也要一去不复返。

可是，这些乏味、灰沉、难以辨认的面孔仍有一些什么东西萦绕不去：他们看上去跟谁都一样，这使他们给人一种几乎是地下的感觉；他们与草叶无甚分别。那视觉上的冗赘提供了“人民政府”的原则，还添加了某种深度：谁也不是的人的统治。不过，受谁也不是的人统治是一种远远更为无所不在的独裁，因为谁也不是的人看上去像每个人。他们以不止一种的方式代表人民，这也就是为什么他们不必操心选举。本世纪初政党的勃兴是人口过剩的先声，这也是为什么今天它们表现如此出色。当个人主义者取笑它们的时候，它们大加扩张非个性化，而现在个人主义者再也笑不起来了。然而，这个目标既不是党自己的胜利，也不是个别某些官僚的胜利。不错，他们证明走在时间的前面，但时间前面还有很多东西，不仅如此，还有很多人。这个目标是要方便在这个没得扩张的世界上进行数字式的扩张，而达到这个目标的唯一途径是把每一个活着的人非个性化和官僚化。因为生命本身也是一个公分母；这已足以成为以更加具体的方式构筑存在的前提。

而一个独裁制度就是这样建立的：为你构筑你的生命。它这样做的时候总是尽量一丝不苟，显然比一个民主政治做得好多了。还有，它只看在你的份上这样做，因为在人群中展示个人主义可能是有害的：首先对那个展示个人主义的人有害；但是你也得顾及他身边那些人。这就是由党领导的国家的目的，它有安全局、精神病院、警察以及公民的效忠情绪。不过，所有这些技巧仍然不够：那个梦想乃是要使每个人都成为他自己的官僚。而这个梦想成真的日子看来就快到了。因为个人生存的官僚化乃是始于思考政治，而这是不会因有了袖珍计算机便停下来的。

由是之故，如果你在独裁者的葬礼上仍然感到哀痛，那么这可以说几乎是出于自传式的理由，也是因为这种亡故使你对“往日好时光”的缅怀更加具体。毕竟，那个人也是那所旧学校的产品，那时人们仍然看得出他们说的与他们做的之间的区别。如果他不值得在史书上多加一笔，那也行，这样更好：他只不过是没有让他的臣民的血在某个章节上溅个够罢了。他的情妇们都有些发胖，并且不多。他写得很少，也不画画或玩任何一种乐器；他也不采用新式家具。他是一个简朴的独裁者，然而最大的民主国家的领导人都想尽办法要跟他握手。总之，他不捣乱。而当我们早晨打开我们的窗户，眼前的地平线仍然不是垂直的，那要部分地归功于他。

由于他的职业的属性，没有人知道他的真实思想。很可能连他自己也不知道哩。这倒适合做一篇墓志铭，只是不要有芬兰人所讲的有关他们的终身总统乌尔霍 · 吉科宁的一段轶闻，那段轶闻的开头是：“如果我死了……”

写作训练

1. 相对于极权、权威主义等其他制度而言，罗伯特 · A. 达尔在他的著作《论民主》中认为民主的优越性体现为10点：

（1）民主能帮助我们避免独裁者残酷和邪恶的统治；

（2）民主能确保它的公民拥有一定数量的基本权利，而这些是非民主制度不会、也不能做到的；

（3）民主政府较之任何其他可行的政府形式，更能确保公民拥有更广泛的个人自由；

（4）民主有助于人们维护他们的根本利益；

（5）只有民主政府能提供一个最大的机会让人们去践行自主决定的自由，也就是说，生活在自己选择的法律下；

（6）只有民主政府能提供履行道德责任的最大机会；

（7）民主政府比任何其他的可行的政府形式更能充分地促进人类发展；

（8）只有民主政府才能提供一个相对较高的政治平等；

（9）现代代议制民主国家彼此没有战事；

（10）民主政府的国家比非民主政府的国家更趋于繁荣。

你是否完全赞同他的观点，任选 2~3 点，谈谈你的看法。

2. 中国学者陈志武先生认为：“在中国目前的情况下，首先要做的是放开新闻媒体，这是成本小、见效快的最好办法。民主制度的核心目的有两个，第一是监督问责，第二是把不同公民的利益偏好汇总起来。如果媒体言论有足够的自由，不仅通过追踪报道能发挥监督作用，而且不同的声音都有机会表达出来，虽然这不是对各利益人的偏好的科学汇集，但也能起到相当的效果。”你是否同意他的观点？

3. 1941 年 7 月，胡适在美国密歇根大学发表了《民主与极权的冲突》的精彩讲演，非常有影响力。他在演说中引述了美国政治家 Max Eastman 对极权主义二十个特征的概括，并认为不管哪个政权只要具备这二十个特征中的任何一个特征，便具有二十分之一的极权主义本质。对照这二十个特征，查找相关资料，在以下表格中符合条件的国家后面打√，打完以后看看你有什么发现？

极权主义的特征	1933年—1945年德国	1917年—1991年苏联	1936年—1945年日本	1928年—1945年中华民国
（1）把狭义的国家主义情绪提高到宗教狂的程度。				
（2）由一个军队般严格约束的政党来执掌国家政权。				
（3）严厉取缔一切反对政府的意见。				
（4）把超然的宗教信仰降低到国家主义的宗教之下。				
（5）神化“领袖”，把领袖当作一般信仰的中心。				
（6）提倡反理智反知识，谄媚和欺骗无知的民众，严惩诚实的思想。				
（7）毁灭书籍，曲解历史及科学上的真理。				
（8）废除纯粹寻求真理的科学与学问。				
（9）以武断代替辩论，由政党控制新闻。				
（10）使人民陷入文化和信息的孤立，对外界的真实情况无从知晓。				

（续表）

（11）由政党统治一切艺术文化。				
（12）破坏政治信义，使用虚伪和伪善的手段蒙蔽人民。				
（13）政府有计划地实施罪恶行为。				
（14）鼓励人民陷害和虐待所谓的“人民公敌”。				
（15）恢复野蛮的家族连坐法对待所谓的“人民公敌”。				
（16）准备永久的战争把人民军事化。				
（17）不择手段地鼓励人口增加。				
（18）把劳工阶级对资本主义的革命到处滥用。				
（19）禁止工人的罢工和抗议，摧毁一切劳工运动。				
（20）工农商各行各业皆受执政党领袖统制。				

第十课　计划生育论

目标导引

计划生育作为一项基本国策，在我国已经实施了三十多年，近来不断有人提出人口政策调整的问题，反对强制性生育率管制的声音越来越多。作为计划生育政策的理论基础——马尔萨斯的人口论，现在还能否站得住脚？彻底放开二胎政策，就能改变中国人口结构的问题吗？

思辨现场

1. 生育率管制的社会成本

——陈斌《不要高估生二胎政策》

1980年开始的计划生育政策不是Family Plan，而是Birth Control（生育管制），而且是严厉的生育率管制，全国大部分家庭只能生育一胎，少数符合特殊条件的家庭可以生育两胎，管制法例允许的生育率不会超过1.5（有学者估算为1.38）。这不是家庭选择如此，而是管制法例强制你如此，没得选。

在生育率管制法例之下，计生委对有"超生"行为的家庭，给予高额的罚款（现在改称"社会抚养费"，可"社会"何曾抚养这些超生的孩子？说占用了"社会资源"，哪一种稀缺资源这些超生的孩子可以白白使用的？），本质上是"生育税"。

生育率管制法例是由从中央到各省市一系列法律、规定、条例组成的。宪法规定"国家推行计划生育，使人口的增长同经济和社会发展计划相适应"。1980年修改的婚姻法规定"夫妻双方都有实行计划生育的义务"。2002年，颁布了《人口与计划生育法》。各省市均有具体的规定、条例或实施细则，不厌其烦地规定各种奖惩措施。除了直接的生育率管制之外，还有一些间接的生育率管制，如提倡晚婚晚育，“稀生”，生育间隔要三四年等等。

生育率管制会带来各种社会成本。

后果之一：巨大的制度费用。为了执行生育率管制，需要庞大而复杂的法例，需要庞大的专门负责机构，需要庞大的人手，全国从事计生工作的人员保守估计有几十万，给他们支付的工资来源于税收，是制度费用（他们本来可以从事有产出的工作，现在放弃了，是社会成本，这一成本已包含在制度费用上）。

张五常 1985 年撰写的《没有兄弟姐妹的社会》讲到，血浓于水的亲情、家庭公司可以降低制度费用，计划生育导致的没有兄弟姐妹的社会比赫胥黎 *Brave New World* 中的景象还要可怕。

后果之二：本来应该出生而没有出生的孩子导致的租值消散（Dissipation of Rent）。如果没有生育率管制，以农村为例，在父母对子女拥有产权因而拥有收入支配权的代际合约（这种代际合约随着工业化、城市化，在加速解体；就是在农村，也不再是纯粹的农业经济，工业化也在进步）的局限下，生育子女是一项回报率很高的投资。现在管制了生育率，生育收入在边际上高于生育成本，本来还可以继续生育，使得生育收入在边际上与生育成本相当，这就意味着有租值（父母生育子女的投资收入）被消散掉了。

而本来应该出生而没有出生的子女也是资源，如果出生会给社会创造财富，他们不只是“人口”，要消费，也是“人手”，要生产，更多的人参与分工与合作会使得专业生产的范围进一步扩大、程度进一步加深。

当然，会有人选择“超生”，“超生”的本质是减少租值消散的行为，最终消散的租值，总是相关的局限下最少的。

许多人津津乐道的中国“人口红利”，是说本来用于生育子女的费用

现在可以用于消费和投资，问题是，计划生育相当于对某些消费和投资行为的管制，原来计划使用孩子这个耐用消费品的家庭现在只能消费其他物品，愿意出的最高价与实际出价的差额即消费者盈余（Consumer's Surplus）因此减少了；原来计划通过生育子女取得更高投资回报率的家庭现在只好满足于较低的投资回报率，这是管制导致的租值消散！

计生委主任张维庆宣称，截至2005年年底，中国仅仅因计划生育少生了4亿人，该数"不包括由于经济发展、人民生活改善和教育文化水平提高等因素而少生的"，这应该是高估了，有学者估计，截至2005年年底，1971以来的计划生育共减少2.3亿，1980年以来的"一胎化"计划生育减少1.3亿，仍是惊人的数字。

后果之三：在干预人数数量之外，也会加剧出生性别选择的行为，正常情况下男女出生比例在102–107∶100之间，中国的男女出生比例超过120∶100（2005年1%人口抽样调差显示0–4岁出生比例为122.66∶100）。这不仅意味着中国男性争夺配偶的竞争会更加激烈，还意味着中国的世代更替水平要比别的国家要高（发达国家的世代更替水平约为2.1），世代更替水平下的生育率确保下一代育龄妇女与上一代相当，因而确保下一代人口规模与上一代相当。

后果之四：还会加剧老龄化。在超低的1.22的生育率下，出生的人和工作的人都越来越少，退休的老年人越来越多，将来谁来养活这些人？人口问题是慢性病，到了集中爆发的一天，老天爷也救不了。

有人会说有社会保障，问题是，社会保障仍是要拿下一代的钱（代表着其生产出来的物品）去养活上一代人，拿工作的人的钱去养活退休者，中间还要由于管理费用消耗掉一部分。社会保障并不能无中生有，总要去拿一部分人生产出来的物品去养活另一部分人，生产者越来越少、坐食者越来越多的财富转移和再分配制度是无法长久维持的。经济增长会帮上一些忙，但很有限，因为退休者的生活水平也是与经济增长挂钩的。

总而言之，生育管制是不能用来解决人口问题的，因为当时中国根本没有人口问题（“人口过剩”从来都不是现实，只是马尔萨斯的臆想）；其本身就造成了真正的人口问题（超低生育率），拜生育率管制所赐，现在中国终于有人口问题需要解决了。这也正是发达国家目前的状况，这些国家的生育率远远低于世代更替水平（但普遍比中国要高），人口老龄化加剧，社会保障制度因此面临的麻烦越来越大，为此他们千方百计地鼓励生育，但仍收效甚微。中国计生委吹嘘的在生育率上用三十多年的时间就走了发达国家一百多年走过的路，“这个成绩是必须肯定的”（计生委主任张维庆），如果超低生育率和老龄化也是成绩的话。

在以上材料中，陈斌提出了生育率管制会导致严重的四条社会成本后果。针对以上四种后果，请你逐一分析其是否具备说服力。

	生育率管制的社会成本
后果 1	
后果 2	
后果 3	
后果 4	

2. 中国该不该放松计划生育?

英国《金融时报》中文网专栏作家 叶檀 2011 年 5 月

越来越多的人呼吁中国放松生育，4 月 28 日，国家统计局发布第六次全国人口普查主要数据，显示中国出生率下降，给呼吁放松生育的人提供了新的论据。

笔者不支持放松生育，正如鄙视此前政府鼓励生育。

第一，生育是个人与家庭的选择，但在中国的某个特殊时期，却当作了一项重要的政治任务，或者鼓励、或者抑制，生育偏离了正常的人性选择，而成为政治选择、社会选择。

如果说以往鼓励生育、光荣妈妈等措施，实际上是把人等同于未来的战争储备，那么，现在鼓励生育的人，以人口红利相恐吓，则是把人当作了经济的工具。人口红利在经济上是否适用暂且另说，无论是鼓励还是抑制，其内在的逻辑并没有变，就是人没有自由选择权，在生育问题上成为彻底的无脑动物。

第二，中国生育增速下降，但人口基数依然庞大，业已对环境造成了巨大的压力，使环境接近崩溃的边缘。

有许多人以日本东京地区的人口与资源和谐共处，认为中国并不是人口众多，而是因为不合理使用资源造成的结果。对此，我只能说，等中国的资源利用效率提高到与日本同步，再来谈同样的资源可以养活更多的人口。否则，越大的资源使用工程，成为生态灾难的可能性就越大。并且，日本此次震灾与核灾难显示，日本为了国民生活与经济，不得不加快核电发展，让反应堆延期服役。请不要告诉我，中国的风险控制举措一定会超过日本，国内频发安全事件，连食品安全都无法保障，很难让人相信这空口许诺。想想康日新吧，不是中国核工业领域的关键人物吗？他的下场能证明这些关键人物都可靠吗？

第三，所谓经济人口红利从头到尾都无法验证。

一些人认为，当中国人口红利下降，中国经济将遭遇劫难。人口从来不是经济的唯一指标，中国鼓励生育、人口增长最快速的年份，恰恰是最贫困的年代。从来没有一个国家单靠人口增长就能够提升经济增长，原因是有生产能力与消费能力的群体截然不同。

我们现在鼓励公平的城镇化，就意味着成本的增加，绝不意味着低价农民工时代的延续。只有在中低端制造业中，才存在人口红利一说，而在技术产业中，存在的是人力资本，是强调增加个人的消费能力。按照国家统计局副局长张为民的说法，计划生育的基本国策得到了较好的执行，人口增长将继续下降，预计将在2032年前后达到人口零增长。如果人口下降的同时，个人的物质精神财富大量增长，则是中国城镇化之幸事，中国的内需未来五年仍然会有巨额增长。至于未来是否陷入通胀，取决于各主要央行尤其是美联储的货币自律，取决于企业效率与社会总体效率的提升，与多生多少人关系不大。

个人有选择权，生育与不生育，都是个人的自由选择。中国的计划生育是为曾经的滥生支付迟到的罚单，是对未来地球与国家负责的态度。有人特别强调生育权，但资源的压迫，只有生活在中国的人才能感同身受，如果各国尤其是发达国家取消移民限制，不把财富与技术当作移民的门槛，他们才是为生育权真正支付了成本。否则，就是华而不实、嫁祸与人之举。

你认为叶檀的以上观点是否具备说服力，请谈谈你对以上三种观点的看法。

	同意	反对
观点 1		

观点 2		
观点 3		

概念辨析

马尔萨斯陷阱

——徐瑾《中国人口之殇》

除了中国不缺人之外，不少公众以及评论者更对人口增多可能带来的资源紧张充满恐惧感。这一情结的源泉，理论上源自马尔萨斯以及马寅初等人理论，感性上则与中国过去的贫困多外集体记忆有关。

古代经济，人口的确是重要的变量。著名的马尔萨斯陷阱，前提条件是土地的供应弹性有限，而土地作为古代农业经济的主要投入，其有限数量约束了经济总产出。当人口增长超过土地增长，以至于人均产出随人地比例而不断降低，马尔萨斯陷阱即凸显。

历史上，欧洲多次发生马尔萨斯循环，中国也难以豁免，甚至以更加惨烈的形式呈现：伴随着王朝兴衰，中国人口往往呈现巨幅震荡，政治不稳定带来人口死亡，每每以减少 30% 甚至 50% 的情形周期性惨烈上演。

一般而言，人口引发的周期是如此演进：第一阶段，王朝兴起，人口稀少，人地比例很低；第二阶段，战乱之后，人均收入快速越过生存水平，人口加速繁衍；第三阶段，随着人地比例大幅上扬，马尔萨斯陷阱凸显，人均收入降低，王朝治理水平的降低往往很容易导致极低的人均收入水平被推低到生存线之下；随后，第四阶段社会崩溃，天下大乱。

如此，一个轮回重新开始，所谓“治乱循环”。

形成对比的是，以工业经济为代表的现代经济不仅空前丰富了人类物质财富，也重塑了上述政治形态怪圈。现代经济中，土地不再构成对生产可能性边界的约束，经济发展水平更多地取决于技术水平，而不是土地数量。换而言之，只要技术水平提升，人均收入往往可随之上扬，与人口数量关系并不绝对。

更为历史地考察，在数百年前，东西方人均收入差距并不大。明末清初的生活品质，甚至被认为超过美国；但是从1700年之后，东西方收入开始出现重大差距，这也是彭慕兰等人所谓的“大分流”。

根据经济学家麦迪逊的数据，1820年，美国的人均产出大概是中国两倍；此后，双方的收入差距急剧扩大，一路攀升，最高攀升到数十倍，差距约在20世纪80年代初达到顶点。

原因何在？1820年往往被认为是工业革命的一个节点，东西方不同走势，并不是源自人口差异，而是源自技术变化——当中国还在农业社会的土地产出递减的怪圈中继续时，西欧已经通过制度改革步入现代社会；而中美人均收入差距顶点，也在于中国经济届时已经折腾到底线，而美国则一百多年间继续积累财富，须知复利的效用极其可怕。

换而言之，工业革命发生之后，西欧以及西欧衍生国在人口大幅攀升的同时，实现了人均收入的大幅上扬；反过来看，中国等成功的赶超型经济体，在20世纪通过开放加入全球化分工连接之后，获得了先进技术等后发优势，对西方的人均收入差距也开始奋起直追。

由此可见，也不必过分迷恋人口红利。如果没有制度红利，那么人口红利只能被白白浪费，就像60、70年代的中国一样。人多力量大，比起人多是祸害，或许不过五十步与一百步之别。

综上所言，人口不是现代经济发展的束缚，甚至是发展的重要帮助，如此境地，当前中国可以改变什么？现实很无奈，我们可能什么都做不了，现在即使全面放开人口政策，也很难改变中国此后步入人口老龄化的颓势。

我们惯有的思维特征之一，就是迷信计划。车多了就限行，房子少了就限购，人多了计划生育；但计划干扰市场必然带来寻租行为以及黑市交易，进一步导致公正的缺失，过去只是城里人剥削农村人，体制内的人剥削体制外的人，如今演变到已经出生的人或要集体剥夺了某些还没出生的人的生存权。

国家强制推行的计划生育，如何谈得上人性的计划生育？被剥夺生育权的人群，如何谈得上有尊严、体面地生活？换而言之，每一个孩子是否应该出生，其日后生活是好是坏，其父母应该比其任何机构以及评论者，更有发言权。

林林总总错误与悲剧，与其说是人口之殇，毋宁谈是民族之殇。姑且不谈当下政策造成的未来人口减少的诸多现实难题，退一万步说，即使没有研究证明放开人口政策具有经济合理性，那么我们是否就真的铁下心一条路走到黑？工具理性之上还有价值理性，自由应该是衡量发展的终结目标，如果我们的发展长期建立在抹杀人性的基础之上，注定难以牢靠，这样的发展模式总有一天会掉头反噬掉今天取得的炫目辉煌。

一言以蔽之，当前放开人口政策，并无助于帮助中国经济重拾有如往昔的人口红利，却有助于挽回当下岌岌可危的底线；而任何社会的涓滴进步，离不开底线的不断抬升，即使是细微的进步，就像一个老气而俗的段子：退潮时的沙滩上有无数搁浅的小鱼，一个孩子不断地把鱼扔回大海；大人笑他，拣几十上百条归海有何用，毕竟不能改变所有鱼的命运，谁在乎呢？孩子说“这条小鱼在乎”。

批判思维

计划生育罪与罚

徐瑾

遥远的过去，有一个国家叫欧麦拉，那里的人民据说快乐又富足。

美好的背后，却暗含罪恶。在城邦的某个阴暗地牢之中，有一个孩子处于极度痛苦之中，忍受一切非人的折磨——地牢之外的每一个人，都知道这个孩子的存在，但是他们相信生活的一切幸福都建立在这个孩子的痛苦之上；这个孩子一旦被拯救，那么欧麦拉人的一切喜悦，瞬间将灰飞烟灭。

这是哈佛政治学家迈克尔·桑德尔多次引用的一个故事，听起来很魔幻，却又无比真实。如果你是欧麦拉人，你该如何做？对于中国人来说，不用费心设想情境，一切正在实时上演，"计划生育"政策，已使得中国变为现实版的"欧麦拉"：多年来，中国民众一直有人被告知，只有控制生育才换来中国的稳定繁荣，计划生育减少了4亿人的降生，中国为世界人口增长率的下降做出了"重要贡献"。

因此，计划生育成为公民义务，生育权也被交出，换来无数孩子的"不见天日"：根据中国卫生部年鉴显示，中国计划生育人口流产人数最高时达到了1 437万人，那一年是1983年。最新的惊心动魄案例来自陕西安康，一位怀孕7个月的母亲，据说因为没有办法交足四万元罚金，在没通知家人情况下肚中胎儿被强制引产，已经成型的孩子就在母亲旁边，境况令人惨不忍睹。

很可惜，上述逻辑并不成立，中国的繁荣并不维系于计划生育，甚至这一政策很可能对明天的经济成长构成无法挽回的破坏。中国的生育率在

60 年代达到峰值之后，就一路下降，“人口多”不过是各种人祸天灾的借口而已；如今正在老去的中国，却需要更多孩子；换而言之，地牢外的国人忍受良心煎熬的同时，无数“中国孩子”白白牺牲了，而预期中的繁荣并没等来。

这光天化日之下的罪恶，不由得我们反思其政策根源。中国的人口政策从来一笔糊涂账，往往用更大的错误去掩盖更大的错误。

节育的思想最早源自欧洲，20 世纪初传入中国，其主旨并非一味要求强制，在于从无节制生育中解放妇女。1950 年初，北京大学校长马寅初提议节育，但是他的忠告被置于身后；告别毛时代的某一时期的鼓励生育之后，官方从 1970 年之后开始实施计划生育，设立计划生育委员会，计划“到本世纪末，必须力争把我国的人口控制在十二亿以内”。

时至今日，中国人口情况究竟如何？这同样充满争议。根据中国官方第六次人口普查结果，中国总人口为 1 339 724 852 人，对比第五次人口普查结果，人口增长率 5.84%，年平均增长 0.57%，已经属于世界较低水准；而根据联合国最新的《世界人口展望》报告，预计 2025 年中国将达到人口峰值 14.41 亿人，2050 年时下降到 13.92 亿人，届时第一人口大国地位将被印度取而代之——这一数据比起不少学界测算乐观一些，但比起 1990 年代 16 亿的官方估算低了不少。

计划生育政策，不仅严重扭曲了中国人口结构，进一步也将使得中国的经济因此遭受重创。人口因素，如果不是影响经济的唯一原因，也是最主要原因之一，其动力学作用之大超过我们想象，劳动人口比例、年轻人口比例、老龄人口比例、抚养比等因素，不仅直接影响当下经济，更可能进而影响政治、社会等各个领域。

在前工业时代，人口往往被视为负累，马尔萨斯等理论应运而兴；而在二十一世纪，经济增长往往由生产率、劳动参与率以及人口红利构成，如果辅以合理的制度安排，人口可以突破资源的局限，人力资本往往被认为是最有价值的资本，这一点即使在过去以廉价劳动力著称的中国也不例外。

经济学上所谓“人口红利”，表示一国适龄劳动人口占总人口比重较大，同时抚养率比较低，这将为经济发展创造有利的人口条件。就中国而言，60 年代人口红利已经出现，但是一直没有机会发挥，徒然成为人口压力，白白错过机会；直到改革开放释放经济活力，使得中国广袤农村劳动力有机会得到兑换，为中国赢得世界工厂的地位。

伴随着人口峰值的预期降低，中国人口红利在未来几年行将结束将成为现实。按照学界普遍估算，中国的适龄劳动人 2015 年后将步入负增长，之后将进入与人口红利期对应的人口负债期，经济学家蔡昉根据第六次人口普查数据估算，人口红利在 2013 年结束。

伴随着人口红利的消失，中国人口老龄化日趋严峻。根据第六次人口普查显示，中国 60 岁及以上人口占 13.26%，比 2000 年人口普查上升 2.93 个百分点，其中 65 岁及以上人口占 8.87%，比 2000 年人口普查上升 1.91 个百分点。

日本红利消耗之后步入经济停滞，往往视为中国前车之鉴，但对比日本的人均 GDP 和家庭财富积累，中国的未来更加暗淡，看起来更像是未富先老，当前巨大的养老金缺口只是开始。

与中国形成鲜明对比的，则是印度。其实在发展中国家中，印度是最早提出计划生育的国家。印度不仅在 1952 年就提出计划生育，甚至其前总理甘地夫人曾经在 1970 年代试图强硬推行，却导致自身的下台。此后印度的人口继续膨胀，曾经被视为“缺乏人口控制的典型”。

时移事往，伴随着印度的高生育率，人口变为印度的优势，印度也将迎来人口红利，而且或许将维持数十年——从印度 15 至 64 岁的劳动年龄人口来看，或许从 2010 年的 7.8 亿持续增加，2030 年将可能超过 10 亿。

也正因此，不少人士断言“龙象之争”已分胜负，原因就在于人口结构变化。根据摩根士丹利的研究，印度经济增速在2013年超过中国，很大一个原因就在于印度的年轻劳动力数量倍增。根据他们测算，在中国的老年抚养比率或将由2010年的39.1%达到2025年的45.8%，而届时印度将由55.6%下降至47.2%。

人口抚养比是考察人口红利的一个很好参数，代表着劳动力人均承担的抚养人数就越多，老年抚养比更可以表示一个社会的老年化程度。随着老年抚养比的进一步提高，加上刘易斯拐点悄然临近，中国的老龄化令人担忧——当下的诸多闹剧，无论延长退休年龄还是无理掠夺劳动者公积金，届时恐怕都无法应对庞大的养老大军。

中国和印度的人口根本区别，还是在于生育率。联合国的数据估算，每个印度妇女大约平均生育3个孩子，而中国妇女则平均只有1.7个孩子——这一数据在官方往往是1.8，但是不少学者估计这一数字低于1.5，这低于维持世代更替的2.1门槛。

毋庸置疑，计划生育政策的经济不合理性已非常明显；进一步审视，即使计划生育具有经济合理性，基于其反人性之恶，也应该被捐弃。根据《中华人民共和国宪法》，“国家推行计划生育，使人口的增长同经济和社会发展计划相适应”。如果计划生育已经不能使得人口增长与经济、社会难以一致，那么为什么还要继续执行？

计划生育政策从诞生之初，并非没有时间期限。1980年《中共中央关于控制我国人口增长问题致全体共产党员、共青团员的公开信》中表示，“到30年以后，目前特别紧张的人口增长问题就可以缓和，也就可以采取不同的人口政策了”。

如今，三十年早已经过去，计划生育可以休矣，其退出显然阻碍甚多。任何机构和政策一旦形成，就有其路径依赖与利益惯性，这也是为什么大城市人口业已负增长情况之下，放开二胎政策尚且不能通过的根本原因。计划生育政策推行多年，造成了大量的利益团体，利用生育权利设租寻租，大肆课罚；与之对应，赴港生子与赴美生子等现象，一方面暗示了中国中产阶级的消极反抗，另一方面也使得生育权利因为贫富而更加不均，加重了社会底层的被剥夺感。

中国改革开放已经走过三十余年，我们常为已经建立基本的市场经济运作模式而欣慰，却不知计划的幽灵仍在逡巡，伺机进入包括指甲缝这样的私人空间。计划生育，无疑是其中最为隐蔽也最为恶劣的一种。

更进一步思考，人口是否可以规划？无论哈耶克的自发秩序，还是最近离去的唯一的诺贝尔女性经济学奖得主奥斯特罗姆“公共池塘”理论，都从不同角度揭示了朴素而现实的真理：公共治理并非只有政府介入一种方式，公共区域也可以形成有效的自我治理；科学更不应该成为反人道的帮凶，理性在人性与未知面前应该存有敬畏，政府并非全能。

每一个生活中的个体，其实都天然是不自觉的经济学家。很多自以为是的政府政策，即使短期看来似乎立竿见影，长期来看要么无效，要么只会扰动社会的自动调节。反观中国传统的养儿防老，一直被有意曲解，其实未尝不是一种理性选择。在缺乏基本公共救助的社会，通过多生子女来赡养自身，虽然原始却有其效应，天然具有极强的经济合理性与分散风险性，也是中国人繁衍至今的根本原因之一。

从新加坡、中国台湾等经验来看，人口趋势一旦形成，往往很难及时掉头，届时政策对生育的鼓励其实效令人怀疑。换而言之，中国现在放开计划生育政策，在目前高额抚养成本之下，很可能人口增长也回天乏力。对于中国而言，这虽然可能有些晚了，但却是不得不做的一步，可以逐步推进，从放开二胎、一线城市开始试点——这不仅关系未来中国的发展，更涉及每一个公民的基本权益。

毒树不结善果，建立在反人道基础的一时繁荣必然难以持久。回到奇幻城市“欧麦拉”，那里居民并不真正快乐。很多人见过那个孩子之后，无不充满自责却无力改变现状，只好选择逃离“欧麦拉”。

这何尝不是中国的现状？陕西安康引产案曝光之后，任何关于计划生育的辩解都苍白无比，甚至关于计划生育是否符合经济发展的论证也显得无不伪善。习惯工具思维的国人，能否这一次从心灵而不是仅仅大脑来判断是非。“救救孩子”，应从逐步放弃计划生育开始，切切别沦落如游吟歌手周云蓬所唱，“不要做中国人的孩子，爸爸妈妈都是些怯懦的人”。

写作训练

1. 2012 年 7 月 8 日，据中国之声《全国新闻联播》报道，国家人口计生委表示，在我国人口老龄化问题日趋严重的现状下，老年人照料将与计划生育家庭养老相结合，并进一步加大对计划生育家庭的奖励扶助力度。你认为加大对计生家庭的奖励扶助力度，能否作为计划生育继续推行的理由？

2. 2012 年 10 月 26 日，据经济之声《央广财经评论》报道，中国发展研究中心今天（26 日）下午在北京发布题为《中国人口形势的变化和人口政策调整》的报告。报告认为，中国人口的主要矛盾已经发生根本性的转折，增长过快不再是人口的主要矛盾，取而代之是源于结构、素质和分布上的问题。中国发展的“人口红利”已经用尽了。政府应该调整人口结构，为经济发展提供动力。你是否同意这种论调，谈谈你对人口红利的看法。

3. 颠覆你的思维，关于计划生育，看看有多少被你误认为是真理的谬误。查找相关资料，在以下事实与谬误之中任选 2~3 则，重新加以辨析，确认基本的事实。

谬误1：中国人特别能生，特别喜欢生小孩，“不孝有三无后为大”传统文化使中国成人口第一大国。

事实：恰恰相反，中国人（华人）是同等条件下世界上生育能力最弱，也最不喜欢生孩子的族群。

辨析：这一谬误的产生主要是来源于中国是世界上人口最多的国家，其次是来源于一些人想当然地自我解释为什么中国人口会最多，从儒家文化中寻找到“不孝有三无后为大”几个字以后，思考就此停止，自以为找到了答案。事实是以当今世界各国的现国境线为单位，现在中国这块土地上的人口有文字记载以来本来一直就是最多的。从公元前3000年到公元1900年，中国人口占世界人口的比例总体上一直在25%到35%的范围上下波动。

对于一个种群整体来说，在不存在避孕手段的条件下，所有女性都只能怀了就生。女人能生多少，只跟该种族女性生育能力以及男性性能力有关，这两点并无明显证据证明黄种人强于其他种族。对于个体来说，儒家文化会促使单个男性寻求生育尽量多后代，但对于整体来说，儒家文化反而是不利于多繁衍后代的。一是儒家的贞节文化，二是儒家的一夫多妻（妾）制度，两者都导致生育资源无法得到充分利用。实际上，农业时代一个种群能够繁衍多少，更多的是跟这个种群的医疗水平（出生婴儿能成活多少）、经济发展水平相关（经济能够养活多少）相关。

1820年，中国占世界人口近36.6%（当时经济总量也占世界三分之一），1900年占25%（历史书上很熟悉的中国人口占世界四分之一），1949年占22%，1982年就是我们自豪的“用7%的耕地养活了21%的人口”，2010年只占世界19%，同时新生儿只占世界10%。

全世界的华人都是所在国生育率最低的族群，马来西亚的华人比例已经从建国时的35%以上下降到25%不到。中国台湾、中国香港、新加坡、中国澳门是全世界生育率最低的四个国家和地区，平均只有1个甚至不到。

跟中国人同属儒家文化圈的日本、韩国居全世界生育率倒数第五、第六，也是平均1个多一点。最神奇的是没有计划生育也属儒家文化圈的越南生育率只有1.9，鼓励生育的朝鲜生育率刚过2.0。

谬误2：毛泽东鼓励生育，搞“英雄母亲”，说“人多力量大”，批判马寅初，导致人口暴涨。

事实：恰恰相反，毛泽东从来没有鼓励过生育，他对节育的支持是至始至终，马寅初恰恰是在毛的支持和肯定下提出他的新人口论的，毛更没有批判马寅初。

辨析：1953年8月，卫生部抓紧下发《避孕及人工流产办法》。1954年1月，中共中央批准卫生部《关于节育问题的报告》并第一次以正式文件形式发出了《关于控制人口问题的指示》。此后毛在无数次讲话和发言中支持节育，计划生育一词也是由他首创，但他在50年代对是否搞强制性的节育一直犹豫，不过到1963年，计划生育办公室就已设立了，70年代就大力实行2胎制的计划生育。关于“英雄母亲”，所有人的传言给人的印象是似乎在整个毛时代，都是谁生的越多越有奖。事实上，只有苏联曾实行过这一政策，目前没任何证据显示中国曾有过同样举动。如果有，也最多是在建国开始2到3年。毛在一次讲话中提及的“人多力量大”跟鼓励生育毫无关系。

关于马寅初，事实上党和政府没有批判马寅初，康生、陈伯达也没有插手过批判活动。除了北京大学的大字报和辩论会以外，公开发表的批判文章也主要限于民主党派和学术界的一些报刊。从中央到地方党委主办的机关报刊则基本上没有参与和介入批判活动。马寅初在“文革”中也没有受到任何迫害。这一点得到了包括马寅初以及他的孙子的公开承认。

但今天人们为什么会形成似乎马寅初受到了极大委屈和迫害的集体印象呢？主要来源于80年代胡耀邦的一句话“错批一人，多生三亿”，在当时平反右派以及强力推动一胎制的大环境下，特别需要树立马寅初这个典型。在计划生育的如雷霆万钧一般的强大宣传攻势下，于是人们的集体记忆被形成了。

其实，有独立思考能力的人只要思考一下：1949年占世界人口22%，一直到毛泽东去世都是基本维持这个比例不变，到80年代甚至还降到21%，假设毛泽东是大力鼓励生育的，那么这么花力气鼓励的结果不过仅仅是勉强达到世界平均水平，那说明中国人的生育能力该是多弱啊。当然，这些人是看不到全世界二战后都有过“婴儿潮”的，只看到中国人口增长了好几亿。

谬误3：“人口红利”就是人口多，中国和印度是世界上“人口红利”最多的国家。

事实：恰恰相反，人口红利跟人口没有必然关系，印度还未出现可观人口红利。

辨析：似乎人人都在用或都用过这个常见词汇，但其实真懂人口红利概念的人不多。所谓“人口红利”，先是一段时期的生育率上涨，每对夫妇养育超过2个孩子，再接着一段时期的生育率下降，生育率降到2个以下，人口结构形成两头小（老人少，孩子少）中间大（劳动年龄人口多）的纺锤形，这样才会有所谓的人口红利。印度虽然生育率一直在下降，但目前仍在2.5左右，它的人口结构仍然是上小下大的正三角形，不存在人口红利，再过十数年，印度的生育率降到2以下的时候，那时候才是印度经济真正发力的时候。相反，倒是一些发达国家，有的还处在二战后“婴儿潮”一代人口红利的尾声。人口红利是一个迷惑人的概念，会使人产生平白无故从天上掉下来“红利”的感觉，事实上，这根本不是什么“红利”，当人口结构转变到倒三角形的时候，就是严重老龄化，是对之前的“红利”还债的时候，所以，准确地说，应该叫“人口贷款”或者“人口高利贷”。

谬误4：“养儿防老”是愚昧的，我是先进的人，所以我要唾弃落后的养儿防老，我有社保，国家给我养老。

事实：恰恰相反，所有人，所有国家本质上都是靠“养儿防老”的，社保仍然是另一种形式的养儿防老，这不过这个“儿”不一定是你自己的孩子，你的孩子也不是只养你一个老。

辨析：社保的具体形式不论怎么变，实质都是由现在工作的人缴纳的费用来供养现在退休的人。说白了，跟传统养儿防老的区别就是：将每个人单独养自己的爸爸，变换成了所有人共同养所有人的爸爸，由政府来收取并分配“孩子”们给“爸爸”们的养老费。传销、社保还有庞氏骗局实质上没太大差异，这个击鼓传花的游戏要能一直玩下去，起码要保证一直能发展到足够的下线。计划生育导致中国人口一代比一代减少，其中 1990 年出生了 2 621 万人，到 1999 年就只出生 1 149 万人，短短 10 年减少了 57%，一个空前绝后的锐减速度。

谬误 5：我既不靠养儿防老，也不指望社保，我自己攒钱养老，所以，我还是要唾弃落后的养儿防老。

事实：恰恰相反，你实质上还是靠“养儿防老”的，除了养儿防老，人类社会没有第二种养老方式。

辨析：人在青壮年时期努力劳动，只要不是月光族，都是付出超过消费的，那超出的那一部分劳动，从社会换来没有实际价值的纸币，这个纸币本质上相当于债券，意味着这个社会所欠你的劳动。到了年老的时候，你就拿出这些“债券”，来跟社会索取物质、服务（这些物质、服务都是年轻人创造的）。那么你年轻时额外创造的那些劳动价值哪去了呢？抚养了那些消费超过付出的人，也就是相当于帮别人抚养了孩子。虽然你表面做着跟抚养孩子毫不相干的工作，实际上也相当于在帮整个社会抚养着所有的未成年人。只不过，你这种“抚养”，每一笔账都是记得清清楚楚的。而单独抚养自己的孩子，你无论对孩子怎么付出也不会记账，同理孩子将来赡养老人，也不会一一记账，双方都只凭自己的爱。

谬误 6：要是继续坚持计划生育等到中国人口减少到跟美国一样，中国就富了。

事实：恰恰相反，在其他同等条件下，中国可能更穷。

辨析：继续执行现行计划生育政策不动摇，2100 年中国跟美国人口一样只有 5 亿人口，不过美国是 1 亿老人，3 亿工作年龄人口，1 亿小孩；而中国是 2.5 亿老人，2 亿工作年龄人口，0.5 亿小孩。因为这些人想不到计划生育只能减少小孩，不能减少老人。

谬误 7：现在就算放开计划生育，也不能缓解老龄化，所以不能放开。

事实：现在放开，是不能缓解目前的老龄化，但能够缓解 20 年后的老龄化加速。不放开，那么 20 年后的老龄化将会更加恶化，以致不可收拾。

辨析：这话就相当于，吃这药要过一段时间才能见效，不能缓解我目前的病痛，所以干脆不吃了，就让这病继续恶化，死了算了。

谬误 8：人口红利减少是好事，老龄化是好事，要用产业升级、提高科技水平、提高生产率的方式来应对老龄化。

事实：产业的升级，科技水平的提高，生产率的提高如果是这么容易而且是这么好的事情，谁这么傻现在为什么不做？

辨析：何不食肉糜！

谬误 9：只要一放开，中国人口马上暴涨到 20 亿，农村人家家都生 7、8 个。

事实：根本没可能，中国带调查数据显示的总和生育率只有 1.2、1.3，最多不超过 1.5，而且调查所得的农村人的生育意愿也仅有 1.7，现在连绝大多数可以生二胎的双独夫妻都放弃了二胎指标。标志性的对比是富裕的日韩台新港澳平均生育率只有 1 左右，跟中国农村差不多贫穷的越南、朝鲜生育率也仅有 2 左右。而且，因为现在的纺锤形人口结构，别说放开生育，就是鼓励生育，任何人也阻止不了即将到来的中国人口快速下降。

辨析：这是因为独生子女政策下长期存在的妖魔化、污名化多生家庭，加上由来已久的对农村人的偏见混杂而成的可笑观念。在这种观念下，人们产生了“一胎”是正常的、高尚的，“多胎”是不正常的、可耻的病态观念。在这种观念下，每发现个别生了多胎的农村人，就会从心理上极度夸大这一现象并投射到所有农村人身上去。

更主要的是带有谬误1所说的几十年宣传塑造出来的中国人为生育机器的扭曲观念，根本不懂得世界各国生育率普遍只降不升，不知道所有发达国家都在竭力鼓励生育但却毫无成效。

谬误10：不可能是平均只生1.5个，我见到的那么多人都不是独生子女。

事实：平均生1.5个还算多说了，这是联合国计算的数据，2000年“五普”跟2005年的调查数据显示只有1.2、1.3。

辨析：用直觉计算生育率的时候容易忘掉那些不孕不育家庭（可“百度”，占12%~15%），终身未婚人士、同性恋人士、丁克家庭、丧子家庭等等，这些占了很大比例。其次，直觉告诉人的生育率都是错的，都是夸大的。比如，有一半的家庭生了2个，一半的家庭生了1个，那么在你遇到的同学、朋友之中，会有66%的人不是独生子女，只有33%的人是独生子女，直觉会告诉你只有33%的家庭是独生，非独生是多数，实际不是，而实际生育率只有1.5.

谬误11：超生子女应该缴纳“社会抚养费”，因为多占用了社会资源。

事实：如果是国外那种生了小孩政府送牛奶送各种补贴，上公立学校不花一分钱，移民的黑人、拉美裔靠生4、5个孩子不用工作就可以舒舒服服地过日子的福利国家声称多占了公共资源还有道理，在中国基本不存在公共福利。

辨析：如果不是那些超生的孩子，人口结构还要更加危险。当他们一出生征收社会抚养费的时候被掠夺了一次，社保缺口将来几万亿到几十万亿，这最终的办法肯定是财政买单，也就是全体纳税人买单，等于他们还要被迫出钱养别人的父母。

第十一课　电影分级制

目标导引

电影分级制真的像潘多拉的盒子一样不能轻易开启吗？为什么从事电影的专业人士总是呼吁广电总局实施电影分级制度呢？电影分级制能给中国的电影业带来二度繁荣吗？电影分级在中国内地无法实施的真正原因到底是什么呢？你觉得中国台湾、中国香港、日本、美国的电影分级制度，哪一个比较适合中国内地？假如让你借鉴一下外来经验的话，你会如何制定中国内地的分级制度？

思辨现场

1. 呼吁以电影分级制代替电影审查的公开信

谢飞

电影局等有关部门及电影业同仁们：

我国实行多年的“电影审查”行政管理办法是计划经济时代遗留下来的制度，早已不适应今天建设法治社会与市场经济的现实了。我以为，以电影分级制来取代行政审查，是现今我国电影事业发展面临的重要改革课题。

一、从1950年开始的行政方式的电影审查，到1997年经国务院批准，制定了“电影审查规定”，开始了行政法规的管理。多年来，虽然此规定经多次修改、细化，但由于相关法律的不健全，官员素质不等诸原因，执行中常常出现与具有最高法律效力的国家《宪法》规定的“公民有言论、出版自由的权利”和“有进行文学艺术创作和其他文化活动自由”的条文相悖的现象。

远的例子：1994年3月12日，广电部下文《关于不得支持、协助张元等人执导影视片及后期加工的通知》，处罚张元、田壮壮、王小帅、吴文光等7位电影导演7年内不许执导影片，因为他们导演的影片《北京杂种》《蓝风筝》《冬春的日子》等未经审查参加了国外电影节。由于这一决定，田壮壮导演7年没有导演新作品，其他人则去执导不经审查的所谓“地下电影”，如《东宫西宫》等。以后许多年中，姜文、娄烨、贾樟柯等电影导演也陆续受到过同样的剥夺文学艺术创作权利、禁止执导电影多年的行政处罚。我当时问询过电影局干部：“这个决定不是违犯宪法吗？为什么许多小说、美术、音乐、戏剧作品出国发表、展览，不需要国家有关部门审查批准，电影出展却成为违规犯法了呢？”此官员回答说：“我们认为所有电影都是代表国家的。”这个观点不仅今天看来很荒谬，当时也难自圆其说。

近的例子：由我担任艺术顾问的影片《×××》(因该片还在审查过程中，姑隐其名)，于2012年8月20日送电影局审查。4个月了，还没有得到任何书面的、正式的审查意见。根据《电影剧本（梗概）备案、电影片管理规定》(2006年版）第十八条（二）条的“自收到混录双片及相关材料之日起二十个工作日内做出审查决定”，电影管理局已经严重超期，负有“行政不作为”的责任。

据了解，该片被定为“问题影片”，需等有关领导审看。据说“问题”主要是影片内容涉及“林立果选妃”及同性恋。我认为这两个内容，并无违犯中的“十禁止、九修改”的条文。(详见06年版）

该片讲述了“文化大革命”中一个女孩子的命运悲剧，控诉了“林立果选妃”对她人生命运带来的巨大危害。据说，片中出现的林立果和林彪的镜头不被许可，要删除。不知这是根据哪条国家法规？多年来，在书籍、报刊、影视等文艺作品中对林彪集团“文革”中的罪行揭露与批判到处可见。1992年的电影《周恩来》里，林彪和林立果“小舰队”活动的场面都早有表现，二十年后的今天，怎么又成了禁区？

关于此片，某广电总局的领导曾对我说：“同性恋不能在电影中表现，有领导人说过话。”影片中的女主人公在文工团爱上的男舞蹈演员有同性恋倾向，影片有分寸地涉及了这一现象。我以为，同性恋是人类社会中存在的事实，公众与法律均应尊重其存在。影片对此并无褒贬，怎么不能表现？领导人的讲话是代表法律，还是代表个人？这些年，一些电影立项、审查时，不时传出的不见法律法规的要求，诸如“现代题材不许有鬼”“不许穿越”“不许婚外恋”“不许写某些政治历史事件”等，说明现在实行的审查制度不是“法治”，还是我们早就想结束掉的“人治”。

法律面前人人平等，法律面前各种文学艺术种类也应该一律平等。试想，如果作家莫言，每写一部小说前，都要到有关部门立案、批准。完成后都要请有关文学专家与工、青、妇、法、教、少（数民族）等行政部门三四十人集体审看，逐段、逐字地提意见、修改，还会得到今天的诺贝尔文学奖吗?

二、将现行的行政管理式的电影审查，改变为法律制约、行政监督、行业自治、自律的电影分级制，是改革的需要，也是时代发展的需要。

现行的国家以行政方式统一管理的电影立项与审查制度，早已没有了实质性的社会、经济、思想、文化意义，而是一个制约文化娱乐市场繁荣、扼杀艺术思想探索、浪费行政管理资源的陈规陋习。

去年电影局审查通过的影片号称791部，实际能进入影院见观众的不到200部,畅销的更少。有多少立项与审查工作是无意义的行政资源浪费?而现实中,通过碟片、电视、国内外各类影展放映的未经“审查”的所谓“地下电影”数量很多，加上正在兴起的数量众多的专业或非专业人士执导的网络电影、微电影，国家行政部门能够去全部审查吗?

法治国家就应该将管理交给法律与社会去做，交给市场去做。就像文学、音乐、美术、戏剧等文化艺术产品那样，在法律和行政的监督下，由创作者与出版社、发行商去把关，去对法律与社会负责。电影谁制作，谁发行，谁放映，谁就要对法律和社会负责。

纵观世界，没有几个国家像我们这样，几十年来为文化艺术的一个品种电影从上到下专门设立如此庞大的行政管理部门，浪费惊人的纳税人上缴的金钱。有些国家连文化部都没有设立，如美国，而他们的电影业却是全世界最发达的。要认识到，法律和市场是管理文化商品的最好方式，行业内人士与专业协会的自律及自治是其主要的方法。

电影局搞了几十年电影分级的研究和实验，得出的结论是：社会主义国家不适合电影分级。这个结论实属荒谬。其实,参考我国报刊、文学、音乐、美术、音像等出版业正在施行的《出版管理条例》(2011年国务院通过的修改版），其“总则”里规定：“出版行政主管部门负责出版活动的监督管理工作；出版行业的社会团体按照其章程，在出版行政主管部门的指导下，实行自律管理。”仿照许多国家行之有效的分级方式，由国内的“中国城市影院发展协会”与“中国电影制片人协会”等行业组织去协商、制定与实施分级标准与方法，是完全可行的。今年2月，国内北京博纳星光影院管理有限公司的一些影院，对放映的影片标出适合观看年龄的分级，就是一个有益的尝试。

32年前，即1980年10月初，一代电影表演大师赵丹先生临终时说出了他的肺腑之言：“管得太具体，文艺没希望。”对照今天电影业的现实，他的遗言仍旧切中要害。

改革就要做实事。

呼吁有关部门和电影业的所有同事们，行动起来，探讨与研究电影事业的这一重要改革！

北京电影学院导演、教授

谢飞

2012-12-15

2012年12月16日晚，谢飞导演在网上公布《呼吁以电影分级制代替电影审查的公开信》，这封信在业内引起较大震动。中国电影导演协会转发，张元、王小帅、何平等导演纷纷表示支持。你是否同意这种论调？请分条陈述你的理由。

	同意电影分级制	反对电影分级制
理由 1		
理由 2		

2. 中国内地电影不可能分级的六个理由

——摘自时光网

当大陆电影有可能分级的言论最近再次出现在公众面前，我个人认为这个美好的诉求铁定了只能是而且必然是一场徒劳，或者只是一场没有雨滴的雷声表演，理由如下：

一、“度量衡”的空置

物理学告诉我们，我们用温度来标注物体的冷热程度，我们用长宽高来度量物体的体积，电影若要分级，也必须要有依据，即要有相应的电影级别“度量衡”。

而具体操作上，到底电影中允许有多大的裸露尺度，是允许展示三点还是只可以穿个裤头？到底应该划分出个几个级别？是老少咸宜一个级别，还是30岁以上可以有一个专场？或者用中国习惯认定人才标准的学历标准，具有更强自制力与“甄别力”的大学生凭文凭可以看“大尺度”

影片？

当然这些都是乱猜，最直接的办法是借鉴外国或中国香港的成功运作经验。这样就可一劳永逸了吗？问题看似简单，实则不然！请看下面的问题。

二、“暴力与色情”在中国内地的“不合时宜”

通常情况上，西方各国以及香港的分级依据大致来自两个方面：暴力与色情。而中国内地电影及电影之外的情况则要复杂得多，比如，若按“暴力”程度划分电影级别，那么那些教导我们的小孩子“要将敌人消灭干净”的“爱国主义”即将会被划分成“顶级”？在中国的现实语境是，即使电影局答应了，“大人物”（含部队）也是不答应的！

而情色片，恐怕也离我们甚远。《色戒》由一个圆饼被电影局咬成“月牙儿”的个案离我们并不遥远，而《苹果》的夭折也仿佛只在昨天，我们连真正的性教育都没有被推广，让情色片进入院线恐怕只是“狼友们”的“同一个世界，同一个梦想”。

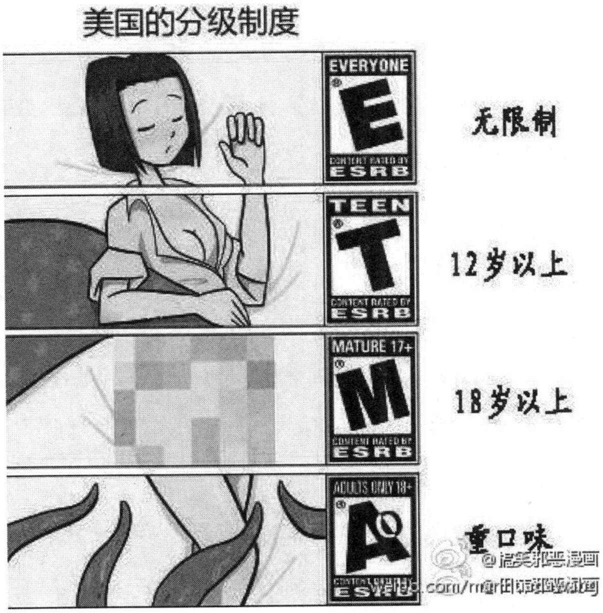

三、"坏品味"电影与中国内地主流文化价值观的针锋相对

电影分级，其中关键的问题，并不在于像《喜羊羊与灰太狼》的影片，而在于"大尺度"片子。而他国的措施是用年龄画线，潜在的逻辑是到了一定年龄就可以具备一定审美能力与价值判断能力。诚然，"三级与R级与X级"被"定成高级别"的原因正来自其自身的"坏品味"，而这些电影的趣味与美学追求与中国主流文化存在着天生的难以调和的敌意。

中国文艺的主流观念仍是"歌颂、宣传、塑造"，而那些电影的"坏品味"中常常追求的"邪恶的、龌龊的、血腥的、淫荡的"是根本无法用在正面形象上的，而用在"负面形象"的时候，却又太容易成为主流价值观的"教唆"。以裸露尺度为例，我们的人体绘画、摄影已经可以正规发行，但内地电影却尚未有正面男女的全裸镜头（尽管《蓝宇》的主演来自内地）。

四、中国内地电影需要票房比老光棍需要娘们还饥渴

某种意义上，《英雄》是中国电影的救命恩人。把观众带回影院不仅是产业需要，也是电影的绝地突围。

尽管官方每年都在兴高采烈洋洋得意地报道着票房又创新高，但若除去几部"盈利巨片"外，将其他所有几百部的影片的投资和票房做个统计，恐怕情况并不客观。（若情况喜人，估计媒体早就大张旗鼓地报道了，而且非名导非官方的电影在找投资时也不会如此难。）

反观"盈利巨片"，若被"分级"后，票房很可能遭受重挫，比如《满城尽带黄金甲》，它的"暴力场面"与"性暗示内容"必将大量的年少的周杰伦的粉丝拒之影院门外。

对于渴求票房如沙漠引露的中国内地电影而言，它事实上一直是在最大的限度里去争取最大的票房，比如依然有大量"暴力血腥"成分的《赤壁》（事实上它的国内票房也有点差强人意）。

五、中国内地电影观众的水平与趣味参差不齐

中国观众的群体性水平分层差异则是非常之巨大，表面上造成此巨大鸿沟的原因来自受教育程度，比如务工人员与大学生，比如学计算机专业的与学电影学专业的，即使是学文学的学生对于电影的解读能力都非常不乐观。这其中的罪魁祸首一方面是中国经济分层造成的“受教育机会不均等”，另一方面是“高考的选拔机制”中对于“人文精神”与“艺术修养”的忽视，还有一个方面就是我们的教育制度本身对于“人文精神”与“艺术修养”的抛弃！

观众中有人会一遍又一遍地温习喜欢的影片，有人会在电影院里电话打个没完，或者干脆打起了呼噜。铁杆影迷可以对诸如法国“新浪潮”的代表人物代表作如数家珍，普通观众可能会说王家卫的电影真是不好看，画面总是晃来晃去的。

然而电影分级，却又无法根据观众欣赏的电影品味与能力来对影片进行分级。

这个情况并不是在说有哪个国家的影迷是一条水平线上的，对于电影没有审美趣味上的争议，但是它至少存在一个事实：中国电影局对于“容易受误导”与“怀有低级趣味”的观影群体，必然会“不抛弃、不放弃”，并势必采取“保护”他们不受“污染”的措施，而绝对不会放任自流！

六、中国内地文艺方针的清规戒律固若金汤

“反三俗”的口号尚未减弱，“清除互联网低俗之风”已经大张旗鼓铺天盖地而来！

在这些响亮的文化建设口号的脖子上的锁链，都拴在一个高耸入云的指路标上，上面写着两个大字——剑的最高境界——和谐！

当下主流文艺方针在和谐的大方向下，巴不得通过无比健康、无比阳光、无比上进、无比单纯、无比高尚、无比大公无私、无比志存高远、无比高风亮节、无比阳春白雪、无比坚定信心、无比以苦为乐的文艺作品来影响人、娱乐人、感化人、塑造人！

说到底，电影的不分级在事实上正是此方针对于电影这一当下对国民具有极大思想感情影响力的文艺形式的最有力掌控!

你是否同意以上六种反对电影分级的论调？请谈谈你的看法。

	中国内地电影不可能分级的理由
理由 1	
理由 2	
理由 3	
理由 4	

理由 5	
理由 6	

概念辨析

1. 言论自由及其界限

——朱景文 2004 年 03 月 09 日《学习时报》第 173 期

言论自由作为公民的一项基本权利，被规定到当代主要国家，无论是西方国家还是东方国家，社会主义国家还是资本主义国家的宪法中。它作为一条基本原则，也写进了《公民权利和政治权利公约》第 19 条：

一、人人有权持有主张，不受干涉；

二、人人有自由发表意见的权利；此项权利包括寻求、接受和传播各种消息和思想的自由，而不论国界，也不论口头的、书写的、印刷的、采取艺术形式的、或通过他所选择的任何其他的媒介。

三、本条第二款所规定的权利的形式带有特殊的义务和责任，因此得受某些限制，但这些限制只应由法律规定并为下列条件所必须：

（甲）尊重他人的权利或名誉；

（乙）保障国家安全或公共秩序，或公共卫生或道德。

可见，该条款中所包括的基本原则有两个：第一，言论自由是公民的一项基本权利。第二，对言论自由的限制由法律规定，一是不得侵犯他人的权利与名誉，二是不得危害国家安全或公共秩序、卫生或道德。

中华人民共和国成立以来共制定了四部宪法，虽然其中的许多内容都发生过这样或那样的变动，但它们都包括了公民的言论自由的规定。现行宪法第35条规定："中华人民共和国公民有言论、出版、集会、结社、游行、示威的自由。"为了保证公民言论自由，中国国务院1990年代以来先后颁布了《音像制品管理条例》（1994年）、《广播电视管理条例》（1997年）、《印刷业管理条例》（1997年）、《出版管理条例》（1997年）、《营业性演出管理条例》（1997年）、《娱乐场所管理条例》（1999年）等。在这些条例中，都重申各级人民政府保证宪法所规定的公民言论自由的权利。并且同时规定，公民在行使这些自由和权利时，必须遵守宪法和法律，不得损害国家的、社会的、集体的利益和其他公民的合法的自由和权利。这些条例中所包含的限制性规定大体包括下列一些内容：

（1）反对宪法确立的基本原则的；

（2）危害国家统一、主权和领土完整的；

（3）危害国家安全、荣誉和利益的；

（4）煽动民族分裂，侵害少数民族风俗习惯、破坏民族团结的；

（5）泄露国家机密的；

（6）宣扬淫秽、迷信或者渲染暴力，危害社会公德和民族优秀文化传统的；

（7）侮辱或者诽谤他人的；

（8）法律、法规规定禁止的其他内容的。

这些条例的基本内容可以分为两部分：一部分是危害国家安全和社会秩序的；另一部分是侵犯他人权利和名誉的，而所有这些内容都以法律的明确规定为限。

因此从总体上说，中国宪法和法律对公民言论自由的规定是与《公民权利与政治权利公约》的规定相一致的。

但是，就具体内容而言，由于各国的历史、文化传统和社会制度的差别，究竟限制哪些内容，限制到什么程度，在限制的同时如何保证言论自由，各国的具体做法又存在不小的差别。

比如在政治领域，国家安全、荣誉与言论自由之间的关系。有的西方国家法院曾经把公民焚烧国旗的行为看作是公民的“言论自由”，这里可能有他们的文化传统在里面。在中国的传统文化中历来把国家安全、荣誉和利益看得比个人的权利与自由更重要。因此对于那些有损于国家利益、敌视中国、颠覆政府的言论予以禁止。其实这种情况在哪个国家都会存在。即使一贯标榜“新闻自由”的美国，我们也注意到在9•11事件以后一些批评美国政府和布什总统的媒体被禁止，就连“美国之音”的代理台长由于播放对基地组织头目的采访而被撤职。

当然我们也应该警惕另一种倾向，政府可能以“国家安全”“国家机密”的名义侵犯公民的言论自由，在这方面西方国家的新闻媒体与政府之间有长期的较量，比如美国最高法院于1972年裁决“美国国防部告《纽约时报》泄密”案中，确定了三原则：原告必须提出，媒体报导给国家安全带来了“1. 立即的；2. 明显的；3. 不可挽回的危险”。这个判决意味着，媒体获得国家机密，并把它发表，并不构成泄密罪，而是要造成那三条后果，才可以定罪。总之，在处理国家安全、利益与表达自由的关系上，各国的做法可能不同，但遇到的问题是共同的，既不能放任言论自由，危害国家安全、荣誉和利益，也不能在国家利益的幌子下侵犯和剥夺公民的宪法权利，问题的关键是把握住一个度。

再如，在社会道德领域色情出版物与言论自由的关系。中国等许多国家对色情出版物一直采取非常严厉的禁止态度，认为它有伤社会风化，毒害青少年一代的身心健康，并且会直接导致性犯罪；而在西方一些国家则对此采取较为宽松的态度，认为这是关系到言论自由的大问题，只要出版物的主要倾向不是色情，只要把成人与青少年的出版物分开，只要是供家庭私人使用而不是为了在公众中传播，都不能确定为色情而加以禁止。但是，无论东方国家还是西方国家遇到的问题恐怕也是同样的，在处理色情与言论自由的关系上，既不能借口言论自由而容忍色情出版物败坏社会风气、道德，也不能由于打击色情业而使人们正常的生活、文学创作、言论自由以至个人隐私受到侵犯，这里的关键同样在于把握一个度。

又如在公民个人生活领域，诽谤与言论自由的关系。各国法律都规定公民的言论自由不得侵犯其他人的权利和名誉，否则构成诽谤或侵权。中国在文化大革命期间，深受“四大”之苦，上至国家主席，下到普通老百姓，被诬陷、打击，甚至丧失了生命，因此对于公民的个人权利与荣誉倍感神圣，对于滥用“言论自由”，而侵犯他人权利与荣誉的行为倍感痛恨。但是，现实生活中还有另一面，媒体对某些“公众人物”，包括政府官员、社会名流、歌星、影星等的不法行为或不道德行为的曝光，虽然有时缺乏充足的证据，但许多国家的法律对于这类行为则采取较为宽容的态度，只有在原告能够提出：第一，报道内容失实；第二，当事人名誉被损害；第三，媒体在明知报导内容是假的、不实的而故意刊出的情况下才能确定为诽谤。当事人即使能拿出前两个证据，却极为困难拿出第三个证据，即媒体事先就有诽谤诬陷当事人的动机的证据。在这样的标准下，官员状告媒体诽谤案几乎无法打赢。这些国家的法律之所以作出这样的规定，其中一个原因就是要充分发挥媒体舆论监督的作用，只要事前没有有意诬陷的动机，就不能确定为诽谤。这里，东方国家和西方国家遇到的问题也是相同的，只不过有的国家在一定时期更倾向于保证公民言论自由方面，有的国家在一定时期更倾向于对诽谤的制裁和对其他公民权利与荣誉的保护方面，问题的关键同样在于把握好一个度。

批判思维

美国电影分级制现状及操作

——孙绍谊《隔洋观景：好莱坞镜像纵横》

自 1968 年 11 月颁行至今，美国电影分级制度历经几次修改，到 1990 年才定型为今天仍在使用的五级制。分级制刚颁行不久，很多家长对 M

类标签存有误解，认为它比 R 类更加严格。为避免产生歧见，美国电影协会遂以 GP 类（适合所有观众，但建议家长加以指导）取代了 M 类；一年之后，GP 标签再次被 PG（建议家长陪伴指导）取代。1984 年 7 月 1 日，PG 类被再行划分，出现 PG 和 PG-13 两类，后者指内容上比 PG 类更具限制性的影片。1990 年 9 月，美国电影协会引入最后两项改革：一是在给 R 类影片定级时，辅以 5 到 8 个字的解释文字，用以说明该影片为何被定为 R 级，这种说明可以通过打电话给影剧院或询问售票人员获取，其目的是让家长在陪伴年幼子女观看之前，对该影片有基本的认识，以决定适合与否。二是以美国电影协会注册的 NC-17（17 岁以下观众禁止观看）取代颇多诟病的 X 类标签，由此彻底宣告了电影审查制度的终结。

具体来看，这一到 1990 年才最终定型的五级电影分级制度细分如下：

G 级：大众级影片，适合所有年龄层次的观众观看，不含裸体、性爱、吸毒等镜头，在语言上可能僭越礼貌性对话，但不可粗野。G 类并不单指儿童片。

PG 级：建议在家长陪伴指导下观看，一些内容可能不适合儿童。该类影片中可能偶然会有恐怖与暴力镜头，但不超过适度范围；不含明显的性爱场景，但允许有短暂的裸体；不含使用毒品的内容。

PG-13 级：家长需特别谨慎对待，一些内容可能不适合 13 岁以下儿童观看。该类影片介乎 PG 级和 R 级之间，可以偶然出现使用毒品、暴力、裸体等场景，也可偶然使用粗言秽语；但暴力场景不得持续，程度必须有所控制，一般不得出现以性爱为目的的裸体镜头，与性有关的粗字一般不得多于一个，任何涉及毒品的影片至少应定为 PG-13 级。

R 级：限制级，17 岁以下观众必须有家长或成人陪伴方可观看。该类影片绝对含有成人内容，包括粗言秽语或血腥暴力、煽情性裸体、滥用毒品等；家长或成人在陪伴 17 岁以下观众观看前，应先行取得关于该类影片的基本介绍。

NC-17 级：17 岁以下观众严禁观看。该类影片系成人电影，具有强烈的暴力、性爱、吸毒或畸形变态内容。被定为 NC-17 级的影片并不必然等同于"淫秽"或色情，因为电影分级系自律性制度，不具有法律效力，而判定色情与否属法律范畴。

容易被观众忽略、但却与以上五个级别有关联的是所谓 NR（未定级）标签，意指那些未经美国电影协会下属分级机构定级、却得以在部分影院上映的影片。鉴于美国电影协会成员主要由好莱坞大电影公司组成，而且参与电影分级与否纯属自愿，一些独立电影公司或独立制片人完全可以不通过该组织直接将其影片推向市场（当然，由于"全国影院业主协会"即 NATO 是分级制度的协约方，因此该协会属下占美国影院 85% 以上的大小影院将禁止未定级影片上映，使很多独立电影公司或独立制片人不愿轻易使用分级制之外的 NR 标签）。该标签还经常被运用于在美国上映的外国影片，一般而言，多数外国影片如张艺谋的《菊豆》《一个都不能少》和陈凯歌的《荆轲刺秦王》《和你在一起》等，均以 NR 类标签推向市场。这一方面是因为参与分级不仅耗时耗力，而且还须交纳一笔申请费，对本来市场份额就有限的外国影片而言，取得一个意义不大的级别标签无疑是劳民伤财；另一方面，即使获得了美国电影协会的定级，该影片在 NATO 下属影剧院里放映的机会也不大，因为非英语对话本身就已经限定外国影片只能在各大城市里的小型艺术影院放映，更何况翻译有时也会淡化或增强原文对白的某些意义，使分级制度的掌握变得模糊不清。

负责电影定级的机构是美国电影协会"分类定级办公室"下属的定级委员会（Rating Board），总部设在洛杉矶，由 8 到 13 名全职委员组成，其薪资及经费来自申请影片定级的制片人或发行商。定级委员会主席由美国电影协会总裁杰克 · 瓦伦蒂任命，但委员会的日常运作却相对独立，采取民主讨论、投票的方式决定对某部影片的定级。每个工作日的上午，定级委员会成员依据主题、暴力、语言、裸体、感官性、吸毒等标准在各自的选票上填写对所看影片的初步定级意见，然后开会交换看法，在此基础上最后进行投票，以多数票决定该影片的定级。决定一经作出，将由分类定级办公室负责人通知制片人或发行商，以便其尽早着手实施被定级影片的宣传计划。通过这一程序所产生的影片定级，同样适用于该影片的家庭录影带或DVD版本。

参照美国司法程序，如果某一制片人或发行商对其影片的定级有异议，可以采取三种方式表达意见。一是要求定级委员会说明为何给予某一级别的原因，并有权要求定级委员会重新考虑其决定；二是有权与定级委员会成员一起讨论究竟要作出哪些修改才可获得令其满意的级别，不少制片人正是通过这一途径，对送呈影片再行剪辑修改从而获得较为普通的分级；三是将“案子”上诉到设在纽约由21名资深人士（主要来自美国电影协会、好莱坞各大电影公司及全国影院业主协会）组成的“定级上诉委员会”（The Rat-ing Appeals Board）。该委员会在接到上诉后，首先会一起观看定级上有争议的影片，然后分别聆听争议双方即制片人（或发行商）和定级委员会代表的陈述，并允许双方之间互相质询。在进一步询问调查之后，上诉委员会将要求当事双方退场，然后在讨论沟通的基础上进行无记名投票。如果上诉委员会21名成员中有2/3反对定级委员会的定级，那么制片人就获胜诉；反之，如果票数不超过2/3，定级委员会的定级将得以维持。上诉委员会就电影定级方面所做的决定是最终的，一旦达成，任何一方都不得再上诉。

自1968年11月电影分级制度颁行至2002年底，经美国电影协会定级的成千上万部影片中，有58%属R级，22%属PG级，11%属PG-13级，7%属G级，2%属NC-17或X级⑯。根据美国民意调查机构的统计，约75%的美国观众认为电影分级制度在帮助他们选看影片方面“很有用”或“比较有用”。实践证明，电影分级制度的引入，确实在鼓励艺术创作自由和强调艺术创作的社会责任方面起到了一定程度的平衡作用，使矛盾双方在比较健康的氛围里协调发展。也许电影分级制度的最大贡献在于它有效地防止了联邦政府对电影业可能的介入，也削弱了来自宗教势力和国内各利益集团可能出现的抗议之声。在这方面，电影分级制度就像一块盾牌，一旦遇到进攻，好莱坞即可利用它来抵挡招架，因为既然每部影片在上映前已经经过了分级的“过滤”，如果再有问题发生，那责任就不该由好莱坞来承担了。

写作训练

1. 2012年12月21日，香港电影工作者总会会长、知名电影人吴思远在出席UME重庆渝中旗舰店开业典礼时呼吁，希望中国尽早建立电影分级制度，进一步提高华语电影的观赏性，促进中国电影业蓬勃发展。吴思远称，现在很多人都有一个错误的观念，认为把电影分级等同于向色情片开绿灯。分级并不意味着道德底线的降低，如果让成年人和小孩看同一种水准电影的状况一直延续下去，国产电影永远也发展不了。分级制度能在保护青少年儿童的同时，也保障成年人的观影权利。

你是否完全赞同他的观点，任选2~3点，谈谈你的看法。

2. 有人认为中国电影分级制度首先是一个政治问题，其次才是一个电影管理问题，最后才是一个社会问题，所以才会这么难。政治问题：是否适合意识形态的宣传。如同对党员的要求一样，强调“忠”，强调“纯洁性”。否则的话，拍得再好都没有用。电影管理问题：拍电影的程序是否合乎标准，是否先送审了，是否按照程序上映了？它关心的是一个制度权力的问题。哪怕是跟意识形态无关也不行。社会问题：是否满足人类生活多元化的要求。如何让不同的人看不同的电影的问题。暴力及色情影片在未成年人的生活中泛滥造成巨大的社会问题是毋庸置疑的。你是否同意这种论调。尝试分别列举一部电影在内地的遭遇加以分析。

3. 查找资料，参考中国香港、中国台湾、日本和美国的电影分级制度，拟订一个中国内地的分级制度。

第十二课 公民不服从

目标导引

你听说过无政府主义吗？它和公民不服从的主要区别在哪里？公民究竟在怎样的境况下可以不服从政府的权威呢？政府的合法性又来自哪里呢？圣雄甘地“非暴力不合作”的运动主张是一种懦弱的表现吗？它跟“消极抵抗”有什么区别？

思辨现场

1. 论公民的不服从

——梭罗《论公民的不服从》

不公正的法律仍然存在：我们必须心甘情愿地服从这些法律，还是努力去修正它们、服从它们直至我们取得成功，或是立刻粉碎它们呢？在当前这种政府统治下，人们普遍认为应等待，直到说服大多数人去改变它们。人们认为，如果他们抵制的话，这样修正的结果将比原来的谬误更糟。不过，如果修正的结果真比原来的谬误更糟的话；那是政府的过错，是政府使其变得更糟的。为什么政府不善于预见改革并为其提供机会呢？为什么政府不珍惜少数派的智慧呢？为什么政府不见棺材不落泪呢？为什么政府不鼓励老百姓提高警惕，为政府指出错误而避免犯错误呢？为什么政府总是把基督钉在十字架上，把哥白尼和路德逐出教会，并指责华盛顿和富兰克林是叛乱分子呢？……

如果不公正是政府机器必然产生的摩擦的一部分，那么就让它去吧，让它去吧：也许它会磨合好的。——不过，毫无疑义，机器终将被彻底磨损掉的。如果不公正的那部分有其独自的弹簧滑轮、绳索，或者曲柄，那么你可能会考虑修正的结果会不会比原来的谬误更糟；但是，如果不公正的那部分的本质要求你以其人之道还治其人时，那我说就别管这法规了。以你的生命作为反摩擦的机制来制止这部机器吧。我不得不做的是，无论如何都要确保我不为我所唾弃的谬误效劳。

至于采纳州政府业已提出的修正谬误的方法，我听都没听过。那些方法太费时日，不等它们奏效，已经命赴黄泉了。我还有别的事要干。我到这世上来主要不是为了把这世界变成个过日子的好地方，而是到这世上来过日子，不管它是好日子还是坏日子。一个人办不了每一件事，但是可以做些事。正因为他不必样样事情都要做，所以他也不一定非做出什么错事来。州长和议员们用不着向我请愿，我也犯不着向他们请愿。如果他们不听从我的请愿，那么我该怎么办呢？如果事到如此，州政府也就自绝其路了：其宪法本身也就是谬误的了。这似乎显得粗暴、顽固和毫无调和之意。但是，最温和、最体贴的做法，只适用于能够欣赏它，并能够配得上它的人；一切能使情况好转的变迁都是如此，正如震撼整个人体的生与死一样。

我毫无反顾地认为，凡是自称废奴主义者的人都必须立刻撤回对马萨诸塞州政府的人力和财力的支持，不必等到废奴主义者在政府中形成多数，不必等到他们让正义通过他们占了上风才动手。我认为，如果有上帝站在他们一边的话，就足够了，不必再等另一个了。况且，任何人只要比周围的人更正义一些，也就构成了一人的多数……

在一个监禁正义之士的政府统治之下，正义之士的真正栖身之地也就是监狱。当今马萨诸塞州为自由和奋发图强之士提供的唯一妥当的处所，是监狱。在狱中，他们为州政府的行径而烦恼，被禁锢在政治生活之外，因为他们的原则已经给他们带来麻烦了。逃亡的奴隶，被假释的墨西哥囚犯和申诉白人犯下罪孽的印第安人可以在监狱里找到他们，在那个与世隔绝，但却更自由、更尊严的地方找到他们。那是州政府安置不顺其道的叛逆者的地方，是蓄奴制州里一个自由人唯一能够骄傲地居住的地方。如果有人以为他们的影响会消失在监狱里，他们的呼声不再能传到政府的耳朵里，他们无法在囹圄四壁之内与政府为敌，那么他们就弄错了。真理比谬误强大得多，一位对非正义有了一点亲身体验的人在与非正义斗争时会比雄辩有力得多。投下你的一票，那不仅仅是一张纸条，而是你的全部影响。当少数与多数保持一致时，少数是无足轻重的，它甚至算不上是少数；但是当少数以自身的重量凝聚在一起时，便不可抗拒。要么把所有正直的人都投入监狱，要么放弃战争与奴隶制，如果要在这二者之间做出选择的话，州政府会毫不犹豫地做出选择。如果今年有一千人不交税，那不是暴烈、血腥的举动，但是若交税则不然。那是使政府得以施展暴行，让无辜的人流血。事实上，这正是和平革命的定义，如果和平革命是可能的话。如果税务官或其他政府官员问我，正如有位官员问我的那样："那么，我怎么办呢？"我的回答是："如果你真希望做什么的话，那你就辞职。"如果臣民拒绝效忠，官员辞职，那么革命就成功了。即使假定这会导致流血，难道当良心受伤害的时候就不流血吗，从良心的创伤里流出的是人的气概和永生，将使他永世沉沦于死亡之中。此时此刻，我就看到这种流血……

我已经六年未交投票税了。我还一度为此进过监狱，关了一夜。当我站在牢房里，打量着牢固的石壁，那石壁足有二三尺厚，铁木结构的门有一尺厚，还有那滤光的铁栅栏。我不由地对当局的愚昧颇有感触。他们对待我，就好像我不过是可以禁锢起来的血肉之躯。我想，当局最终应当得出这么个结论：监禁是它处置我的最好办法，而且我还从未想到我还能对它有什么用处。我知道，如果说我与乡亲之间挡着堵石墙的话，那么他们若想要获得我这种自由的话，他们还得爬过或打破一堵比这石墙更难对付的墙才行。我一刻也不觉得自己是被囚禁着。这墙看来是浪费了太多的石头和灰泥了。我觉得，似乎所有公民中，只有我付清了税款。他们显然不知道该怎样对付我，他们的举止就像些没教养的人。他们的威胁恭维，样样都显得荒唐可笑。他们以为我惦记的是挪到这堵墙的另一边。我不禁觉得好笑，我在沉思时，他们却煞有介事地锁起牢门，全然不知我的思绪就跟在他们身后出了牢房，丝毫不受任何阻碍，而他们自己才真正是危险的。他们既然奈何不了我，便打定主意惩罚我的身躯，就像群顽童，无法惩罚他们憎恨的人，就冲他的狗撒野。我看，州政府是个傻子，如同一位揣着银匙的孤女，怯生生的，连自己的朋友和敌人都分不出来。我已经对它失去了所有的敬意，我可怜它。

州政府从未打算正视一个人的智慧或道德观念，而仅仅着眼于他的躯体和感官。它不是以优越的智慧或坦诚，而是以优越的体力来武装自己。我不是生来让人支使的。我要按照我自己的方式来生活。让我们来看看谁是最强者。什么力量能产生效果？他们只能强迫却无法使我顺从。因为我只听命于优越于我的法则。他们要迫使我成为像他们那样的人。我还不曾听说过,有人被众人逼迫着这样生活或那样生活。那会是什么样的生活呢？当我遇到的政府对我说："把你的钱给我，不然就要你的命！"我为什么要忙着给它钱呢？那政府可能处境窘迫不堪，而且不知所措。我不能帮它的忙。它必须像我一样，自己想办法。不值得为这样的政府哭哭啼啼。我的职责不是让社会机器运转良好。我不是工程师的儿子。我认为，当橡果和栗子并排从树上掉下来时，它们不是毫无生气地彼此谦让，而是彼此遵循各自的法则，发芽、生长，尽可能长得茂盛。也许直到有一天，其中的一棵超过另一棵，并且毁了它。如果植物不能按自己的本性生长，那么它就将死亡，人也一样……

我不想同任何人或国家争吵。我不想钻牛角尖或自我标榜比旁人强。我倒倾向于认为，我寻求的是遵守我国的法则的理由。我是太容易遵守这些法则了。我完全有理由怀疑我有这毛病。每年，当税务官造访时，我总是忙着回顾国家与州政府的法令和主张，回顾人民的态度，以便找到个遵命的理由。我相信州政府很快就能免除我的这类操劳，那么我简直就同其他国民一样爱国了。从较低层次的角度看，宪法尽管有缺点，但还是非常好的。法律和法庭是非常令人尊敬的，甚至这个州政府和这个美国政府在许多方面也是非常令人敬佩、非常难能可贵、令人感激的，对此人们已经大加描述过了。但是，如果从稍高层次的角度看，它们就不过是我所描绘的那个样子。如果从更高或最高层次的角度看，那么有谁会说它们是什么玩意儿，或者会认为它们还配让人瞧上一眼，或者值得让人考虑考虑呢？

不过，政府同我没多大关系，我尽可能不考虑它。我不常生活在政府之下，我甚至不常生活在这个世界上。如果一个人思想自由，幻想自由，想象自由，那么不自由的东西在他看来就绝不会长期存在。愚蠢的统治或改良者们不可能彻底妨碍他……

政府的权威，即使是我愿意服从的权威——因为我乐于服从那些比我渊博、比我能干的人，并且在许多事情上，我甚至乐于服从那些不是那么渊博，也不是那么能干的人——这种权威也还是不纯正的权威：从严格、正义的意义上讲，权威必须获得被治理者的认可或赞成才行。除非我同意，否则它无权对我的身心和财产行使权力。从极权君主制到限权君主制，从限权君主制到民主制的进步是朝着真正尊重个人的方向的进步。民主，如同我们所知道的民主，就是政府进步的尽头了吗？不可能进一步承认和组织人的权利了吗？除非国家承认个人是更高的、独立的权力，而且国家的权力和权威是来自于个人的权力，并且在对待个人方面采取相应的措施；否则就绝对不会有真正自由开明的国家。我乐于想象国家的最终形式，它将公正地对待所有的人，尊重个人就像尊重邻居一样。如果有人履行了邻居和同胞的职责，但却退避三舍，冷眼旁观，不为其所容纳的话，它就寝食不安。如果，一个国家能够结出这样的果实，并且听其尽快果熟蒂落的话，那么它就为建成更加完美、更加辉煌的国家铺平了道路。那是我想象到，却在任何地方都不曾看到的国家。

1846 年 7 月，梭罗居住在沃顿塘时，当地的警官找他，叫他支付投票税，

尽管他已经数年未行使这个权利了。梭罗拒绝支付税款。当夜，警官把他关在康科德的监狱里。第二天，一位未透露身份的人士——可能是梭罗的姨母支付了税款，他便获释了。不过，他表明了他的观点：他不能向一个容许奴隶制并且对墨西哥发动帝国主义战争的政府交税。他准备了一份解释自己行动的演说稿，并于1849年发表了这篇演说稿——《论公民的不服从》。

梭罗提出："从严格、正义的意义上讲，权威必须获得被治理者的认可或赞成才行。"你是否认同他的观点？请分条陈述你的理由。

	同　意	反　对
理由1		
理由2		
理由3		

2. 难局

——龙应台《野火集》

（一）

有个叫苏格拉底的老头，你大概不认识。

他已经七十岁了！深凹的眼睛，白花花一把胡子。在牢里关了好几天了；明后天等船回来，死刑就要执行。这天清晨.他刚睡醒，一小格窗子透着一点光，非常希腊的天空。

克瑞图是个有钱的老朋友，已经滔滔不绝用尽了口舌，恳求苏老头逃狱。"钱，包在我身上，"他说，"更何况，你死了，谁来照顾你的小孩？"

可是苏老头顽固得很，他一本正经地说："雅典政府以'妖言惑众'判我死刑，固然不合理。但是我如果逃狱而破坏了雅典的法制，那就等于以其人之'恶'还治其人，使我自己也错了。你要知道，两恶不能成一善。

"当我对一个制度不满的时候，我有两条路：或者离开这个国家；或者循合法的途径去改变这个制度。但是我没有权利以反抗的方式去破坏它。让雅典人杀我吧！我愿意做一个受难者而死，不愿做一个叛逆者而生。"苏老头仰头吞了毒药而死。黄黄的药水流下来，弄脏了他的胡子。

（二）

另外有个人叫梭罗，喜欢独来独往。三十岁那年，一个人到森林湖畔搭了个木头房子，自耕自活。有一次在树林里生火烤肉，差点把康考特的林子烧了一半。

这天黄昏，正在散步的时候，梭罗被抓进了监狱，理由是他拒绝付税。他认为政府用他缴的钱去支持战争（美国人欺负墨西哥人）及黑奴制度，有违他的个人良知，他以立即的、反抗的行动来抵制他认为是错的法制。

“面对不合理的法制时，我们应该盲目地遵从吗？还是暂且遵从，同时慢慢地循合法途径去改革？还是立即地反抗，来抵制、破坏这个法制？”

梭罗问着，而他的回答理直气壮：“盲目的遵从是最低级的愚蠢。不必考虑。寻求改革途径，时间拖得太长。人生有多少日子？又不是吃饱饭没事干，一天到晚绿头苍蝇似的去改造社会。人生在世为了生活，不是为了改革。所以对付一个不合理的制度，最好的办法就是立即地抵制。”

梭罗并没有尽兴；在牢里兴奋地睡了一夜，第二天就被那个慈善心肠的老姑妈代缴了税金，赎了出去。倒是一百年之后，在古老贫穷的东方，有个叫甘地的人尽了兴，带了千万个人去“立即地抵制”一个不合理的制度。

（三）

爱恨分明的纽约最近也出了一个人物。戴着金丝边眼镜、很文静秀气的葛兹坐在夜车里，一心想回家泡个热水澡。四个年轻的黑小子围了上来，跟他要五块钱。纽约的人都知道，五块钱的下一步大概就是头上五个窟窿。那个脸上有条疤的家伙上个月才把一支枪抵在一个老女人的脖子上，抢走了一条金链子。但是文静的葛兹怎么办呢？没有警察来保护，没有乘客敢帮助——他究竟应该，如苏老头所说，做一个守法的受难者；还是如梭罗所说，做一个违法的反抗者？换个问法，他究竟应该任这四个人把他毒打一顿、刺上两刀，然后到警局报案；或是应该拿出手里所有的武器打击敌人，使自己成为法纪的犯人？

戴眼镜的葛兹在摇摇晃晃的车中站起来，说：“我给你们一人五块！”他连发了五枪。有疤的那个被打中脊椎，半身瘫痪，他今年才十九岁。而葛兹，在家里等候法庭宣判他的命运。

（四）

还有个中国人，你或许没听说过，叫张系国。他坐上了计程车，恶司机不但绕了路，还要下车来打架。这位高级知识分子的张博士居然撩起袖子来跟司机当街对峙起来。代表法制的警察先生来了，却认为，打架是不应该的，若轮到他，就该让司机给打伤了，再去告他伤害罪。也就是说，万一给扁钻刺死了，那么就由未亡人到法庭去告他杀人罪，皆大欢喜。

一个制度无力保护个人的时候，个人有没有权利保护自己?

就法制的基本原则而言，我们不能容许个人的“执法”。如果每个人都拒绝缴税,如果每个人都拿起枪来像约翰 · 韦恩把“坏人”给“干”了，如果每个人都撩起袖子来打架；我们或许就回到了原始蛮荒的时代，人人靠一己的齿尖牙利，适者生存。法制之所以重要，我们说，是因为它使齿不尖、牙不利的渺小的个人也获得保障。

可是，如果“法”的存在是为了“个人”，为什么“个人”却经常要为了“法”而牺牲呢？对于梭罗而言，政府的存在是为了保护个人的权益，但当他在争取个人权益的时候.政府反而要惩罚他。对于葛兹而言，他保护了自己——达到了“法”的目的，却同时也犯了法。只有苏格拉底那个老头，他根本就放弃自己、牺牲个人，所以与法相安无事。

当所谓“法制”已经成为一个巨大的、僵硬的方格子，把每一个血肉做成的“人”锁在一方方小格子里的时候，这个法是不是违背了当初之所以有它的本意？当一个警察要老百姓让恶人打伤了再去报案的时候，人是不是已经“文明”得糊涂，忘了“文明”究竟是为了什么?

（五）

所以我很怕听人说“学校荣誉”，因为我知道，为了这么一个抽象的框框，有多少“不听话”、“不受教”的学生要受到残酷的压制，多少特立独行的个人要被塞进框框里，呼吸不得，动弹不得。

我更不忍心听人宣扬五代同堂的美德。在那个和谐的表面之下，有多少半夜的叹息、破碎的梦想、解体的个人意志，一切都为了一个抽象的理想、一个原本造福个人而往往牺牲个人的制度。

法制、国家、社会、学校、家庭、荣誉、传统——每一个堂皇的名词后面都是一个极其庞大而权威性极强的规范与制度，严肃地要求个人去接受、遵循。

可是，法制、社会、荣誉、传统——之所以存在，难道不是为了那个微不足道但是会流血、会哭泣、会跌倒的“人”吗？告诉我。

龙应台在上文中提出了一个问题：“一个制度无力保护个人的时候，个人有没有权利保护自己？”你是如何看待这个问题的？请说出具体的理由。

	有权利自保	没有权利自保
理由 1		
理由 2		

理由 3		

概念辨析

公民不服从的定义、证明和作用

——何怀宏《西方公民不服从的传统》

何怀宏（1954年－）哲学博士，生于江西樟树市，曾任中国青年政治学院副教授，中国文化研究所研究员，现为北京大学哲学系教授，伦理学教研室主任，博士生导师，主要从事伦理学、人生哲学、社会史等领域的研究。著有《底线伦理》《渐行渐远渐无书》等。

罗尔斯的“公民不服从”理论分为三个部分：即分为定义、证明和作用三部分。首先，罗尔斯把“公民不服从”定义为“一种公开的、非暴力的、既是按照良心的、又是政治性的违反法律的行为，其目的通常是为了使政府的法律或政策发生一种改变。通过这种方式的行动，一个人诉诸共同体多数人的正义感，宣称按照他们经过深思熟虑的观点，自由和平等的人们之间的社会合作原则此刻没有受到尊重”。罗尔斯对这一定义的解释如下：

1. 它是一种违法行为，虽然是出自良心的违法，但却还是违法。并且，它不仅包括直接的“公民不服从”——直接违反要抗议的法律，如黑人故意进入被某些州法律禁止他们进入的地方；也包括间接的“公民不服从”——如通过违反交通法规来引起社会注意而表达自己的抗议。

2. 它是一种政治行为，是向拥有政治权力的多数提出来的，是由一些政治原则而非个人的道德原则和宗教理论来指导和证明的，它诉诸的是那个构成政治秩序基础的共有正义观。

3. 它是一种公开的行为。

4. 它是一种非暴力的行为。这不仅因为它是一种表达深刻和认真的政治信念，是在试过其他手段都无效之后才采取的正式请愿，也是因为它是在忠诚法律的范围内（虽然是在这范围的边缘上）对法律的不服从。这种忠诚是通过公开、和平以及愿意承担违法的后果来体现的。

这样，“公民不服从”在所有抗议形式中是处在这样两者之间，一边是合法抗议与提出试验案件；另一边是良心的拒绝（conscientious refusal）与各种反抗形式：包括好斗行为，破坏与军事抵抗。

罗尔斯是通过给出上述这个较狭窄的“公民不服从”的定义来区别“公民不服从”与“良心的拒绝”的，传统上人们习惯于使“公民不服从”包括一切根据良心的违法行为，至少当它是公开、非暴力的时候是这样。罗尔斯认为：良心的拒绝就是或多或少地、不服从直接法令或行政命令，所以它是为当局所知的，如拒绝服兵役、拒绝纳税等。它和“公民不服从”的区别在于：

1. 它不是一种诉诸多数的正义感的请愿形式，更少乐观，可能不抱有改变法律和政策的期望。

2. 它不是必然建立在政治原则之上，而可能是建立在那些与宪法秩序不符的宗教原则或其他原则之上的。

当然，在实际情况中，“公民不服从”与“良心的拒绝”之间并没有明显的区别，而且，一个行动可能同时具有这两者的强烈因素。

对“公民不服从”看来是合理的，或者说可以证明它们是正当的条件，在罗尔斯看来主要有三个：

1. 涉及作为“公民不服从”所反对的各种错误的性质和程度，如果抗议的对象确属实质性的、明显的不正义，那么这种“公民不服从”看来也就是合理的，具体说来，如果所抗议的是平等自由与公平机会原则的被侵犯，那么这种侵犯是比较严重、并且好鉴别的，而涉及经济和社会地位的差别原则，其是否被侵犯却不易判断。所以，对平等自由原则的侵犯是“公民不服从”的较合适对象，较易得到证明。

2. 假设对政治多数的正常呼吁已经真诚地做过了，但是没有取得效果，法律纠正手段业已证明无效。

3. 在某些环境里，正义的自然义务可能要求对公民不服从的范围施加某种限制，使由几个少数实行的“公民不服从”不致导致严重的无秩序状态，破坏对法律和宪法的尊重，从而产生对所有人来说都不幸的后果，因此，可能需要一个由若干少数构成的合作的政治联合体来调节反抗的总体水平。各个欲抗议的少数可能有必要约束自己，而不是在任何时候都能进入“公民不服从”的行动。

罗尔斯认为，按照上述用来证明“公民不服从”的三个条件，一个人一般就拥有通过“公民不服从”来提出上诉的权利。但是，除此之外，还有行使这一权利是否明智和审慎的问题，这就要依赖于我们对具体情况的道德判断力，还有战略策略的问题，也都依赖于每个事例的环境。

罗尔斯没有在上述证明中提及公平原则，而是认为正义的自然义务是我们同一个宪法制度的政治纽带的主要基础。这是因为处于较不利政治地位的少数一般不负有那种公平原则所要求的政治职责。但是，这并不是说公平原则就不在参加“公民不服从”抗议运动的人们那里产生某些重要的职责，就像在私人交往中一样，凡参与政治活动的人也都要相互承担责任，当他们推进他们的事业时，忠诚和诚实的约束也还是要在他们中间确立起来。

最后，罗尔斯谈到“公民不服从”的作用，这时他再一次强调，他所说的“公民不服从”只适用于一种具有民主政治形式的社会，而不适用于其他社会。因为，“公民不服从”作为一种诉诸多数的正义感的呼吁形式，其力量有赖于把社会看做一种自由平等的人们之间自愿合作的体系的民主观念，如果在君权被看做神授的社会里，那么这一社会中的臣民就只有恳求的权利，他们只可以申诉自己的理由，而如果君主拒绝他们的请求的话，他们只能服从。不服从将是对最终的、合法的道德（不只是法律的）权威的反叛。“这不是说君主不会犯错误，而只是说，这种境况不是臣民能纠正错误的境况。”但只要我们把社会解释为一个平等人之间的合作体系，那些遭受严重不正义的受害者就无须服从。具有适当限制和健全判断的“公民不服从”有助于维护和加强正义制度，它通过纠正对正义的偏离，把稳定性引入一个接近正义的社会之中。

罗尔斯特别强调关于“公民不服从”的宪法理论只依赖于一种正义观，他认为，虽然“公民不服从”者经常是根据某些宗教或和平主义的观念而行动的，但把这些观念与“公民不服从”联系起来是不必要的，因为这种形式的政治行为可以理解为一种诉诸共同体的正义感的方式，一种诉诸平等人中间已确认的合作原则的方式。作为一种对公民生活的道德基础的诉诸，它是一种政治行为而不是宗教行为，它建立在一些要求人们互相尊重的常识性的正义原则上，而不是建立在对宗教信仰和爱的确认上（这些信仰和爱不能要求每个人都接受它们）。在此，罗尔斯显然只是想从政治角度考虑从甘地一直到马丁 · 路德 · 金领导的“公民不服从”运动，仅仅把问题追溯到作为立宪的民主政体的道德基础（正义原则）为止，尽管那些非政治性的宗教观念并不是没有效力的，甚至是更能激励人的，但它们却不一定能够为所有的社会成员接受，所以，“公民不服从”理论需要建立在一个更广泛、更普遍的基础之上。

现代立宪政体是以法律为至上的，“公民不服从”虽然是违法行为，但还是通过公开、和平以及甘受惩罚表达了对法律的忠诚，它诉诸的是民主制度的基本原则和多数人的正义感。因此，它必须以一种法律至上的立宪制度和平等自由的公认正义观为前提，如果没有这种前提环境，“公民不服从”是否明智就是相当成问题的，不服从就可能遭到更强烈的压制。因此，我们必须承认，只有在某种相当高的程度上是由正义感控制的社会中，正当的“公民不服从”通常才是一种合理有效的抗议形式。只有在这种社会中，人们才不会采取在其他社会中可能采取的无情手段。无论如何，在一个分裂的社会、一个由集团利己主义推动的社会里发动“公民不服从”的条件是不存在的。“公民不服从”一般只适用于民主、法治的社会。

然而，即使在一个民主和法治的社会里，诉诸“公民不服从”仍然有一定的危险性。确实，要由每个人自己来做出决定：是否发动或参加“公民不服从”，公民都是有自决权的。但他们应当总是要对他们自己的行为负责，每个人都不能放弃自己的责任，或把受谴责的负担转嫁给他人。如果我们通常认为我们应当服从法律，这是因为我们的政治原则一般都导致这一结论。确实，在一个接近正义的状态中，如果缺少一些强有力的相反理由的话，那就一般都宜选择服从。因为个人许多自由、合理的决定都与一个有序的政治制度相适应。公民虽然有这方面的自决权，但并不是说每个人都可以随心所欲地做出自己的决定。为了自律和负责地行动，一个公民必须诉诸一些构成宪法基础并指导解释宪法的政治原则，评价这些原则应怎样运用到现在环境中去，虽然他还是可能犯错误，但这样他就不是随心所欲行动的，他经过了他的审慎考虑。所有能够审慎考虑的人都是决定者，每个人都要依赖于自己对正义原则的解释和判断并对之负责，对这些原则不可能有任何法律的或全社会公认的解释，甚至一个最高法庭或立法机构也不可能做出这种解释。最高的上诉法庭不是法院，不是执行机关和立法机关，而是全体选民。“公民不服从”以一种特殊方式诉诸这个整体，只要在公民的正义观中有一种充分有效的一致性，并且发起“公民不服从”的上述条件受到尊重，我们就不会有出现无政府状态的危险，而在一个民主政体中已经含有这样的设定：即当各种基本政治自由得到维护时，人们就能获得这种对正义观的共识和尊重这些限制条件。

批判思维

非暴力抵抗

——何怀宏《西方公民不服从的传统》

1963年春，在美国亚拉巴马州第一大城伯明翰市，作为“南方基督教领袖大会”的主席来到这里的马丁·路德·金，领导了一场针对该州种族歧视法规的非暴力的直接行动：黑人们成群地进入按法规不许他们进入的商店、餐馆等处静坐示威，并举行游行示威，该城的气氛陡然紧张起来，一些商店无法营业，交通严重堵塞，警察与示威者发生了激烈冲突，出现了动乱。于是大批的示威者被捕，包括他们的领袖马丁·路德·金。在马丁·路德·金被拘于狱中的时候，有八个著名的“自由派”白人牧师发表了一封公开信，说马丁·路德·金的非暴力抵抗引起动乱，要求仅在法庭上进行反种族歧视的斗争。于是马丁·路德·金写了那封著名的“发自伯明翰监狱的信”，阐述了他的非暴力反抗思想。

马丁·路德·金受到的一个主要指责是说他领导的行动违法，确实，马丁·路德·金是充分意识到他领导的这场运动的违法性质的，但他认为：

有两种法律，一种是公正的法律，一种是不公正的法律，而他同意圣奥古斯丁所说的“一个不公正的法律全然不是法”，即“恶法非法”。那么，一个人如何决定一个法律是公正还是不公正的呢？马丁·路德·金提出了如下几条具体标准：

1. 任何提高人格的法都是公正的，任何贬低人格的法都是不公正的，所有种族隔离的法规都是不公正的，因为它们歪曲灵魂和损害人格，它们给了隔离主义者一种错误的优越感，给了被隔离者一种错误的低劣感。

2. 一个不公正的法是一种多数强加给少数，而自身并不受其约束的法，这是使差别合法；而另一方面，一个公正的法是一种多数迫使少数遵循，而它自身也愿遵循的法，这是使平等合法。

3. 一个不公正的法是如此强加给一个少数的法，这个少数并没有加入这法的制定，因为他们的表决权受到了限制。如亚拉巴马州有各种漠视手段阻碍黑人成为登记选民。

4. 有时一个法律表面是公正的，其应用却不公正，如一条要求游行需先经批准的法律是被用来保护种族隔离时，它就变成不公正了。

归纳起来，不公正的法就是贬低人格，多数并不受其约束，少数没有充分加入其制定的法，有时，当一条法被用来保护不正当目的时，它也就是不公正的了。既然如此，那么，那些违反其本身性质不公正的法（如种族隔离的法规）的“直接的公民不服从”就是可以证明的了，而那些违反仅仅其应用是不公正的法律（如游行法）的“间接的公民不服从”也能得到证明，虽然其理由显然不如前一种不服从那么充足。

但马丁·路德·金又还不是完全主张“恶法非法”，因为他马上又谈到：一个违反一条不公正法律的人，必须是公开地，怀着对法律精神的忠诚去违反它，并甘愿接受由此而来的惩罚。这样，他就还是在某种程度上承认“恶法亦法”了，或者说，这是在一种稍低的程度上实行苏格拉底的原则：即以事后的服从来显示其不服从，以甘愿受罚来唤起一个社会对其不正义的良知。归根结底，马丁·路德·金是要追溯法律的道德基础，他说他希望强调守法的白人稳健派将理解法律和法令是为了建立正义而存在的。

马丁·路德·金受到的另一个重要指责是：虽然示威黑人们的行动是非暴力的，但那种违法的占领和游行最后还是激起了暴力，引发了动乱。马丁·路德·金在这方面的辩驳论据设有充分展开，但他坚持说，不是引起暴力的一方，而是实施暴力的一方应当更受到谴责，并且，借口一个人争取他的基本宪法权利的努力将引起暴力而敦促他放弃这种努力是不道德的。

毫无疑义，马丁·路德·金对非暴力精神的倡导是不遗余力的，非暴力原则是他领导的"公民不服从"运动的基本原则和主要动力。在他领导1956年蒙哥马利城公共汽车抗议事件之初，这场运动的指导原则就被称之为"非暴力抵抗"（nonviolent resistane），后来，一位名叫朱丽特·摩尔根的白人小姐的同情来信，又使人们把这一运动与甘地在印度领导的运动相提并论。大多数黑人首先是把非暴力作为这一运动的技术，进而有些人就把非暴力当做一种生活方式了。

马丁·路德·金在他的演说中经常强调：在争取民权的斗争中使用暴力是不明智也不道德的。以恨对恨只能加强世界上的恶，恨招致恨、暴力带来暴力、凶恶引起更大的凶恶，所以必须转而以爱对恨，以和平对暴力，实行非暴力的抵抗。这一非暴力抵抗的六个特征是：

1. 它并非消极，而仍是抵抗，且从根本上说是强者的手段；

2. 它不寻求打败或羞辱对手，而是要赢得他的友谊和理解；

3. 它抵抗的目标是指向邪恶本身而非在行这种恶的人；

4. 非暴力抵抗者愿意接受痛苦而不报复，接受对方的打击而不还击；

5. 非暴力抵抗者不仅避免外在的物质暴力，也避免内在的精神暴力，即不是恨，而是爱对方。这里的爱不是爱欲（eros），也不是友谊（philia），而是指一种冷静、理解、善意、寻求保存和创造共同体的爱（agape）；

6. 非暴力抵抗者深信世界是站在正义一边的，深信未来。

但是，马丁·路德·金深知，纯粹的、严格的和绝对的非暴力观点并不可能轻易地吸引大多数群众，因为它要求极严格的纪律和极大的勇气，所以，他说甚至连甘地也不谴责在自卫中使用暴力，同意那些不能掌握纯粹非暴力的人们使用自卫暴力。另外，马丁·路德·金还主张组织某些虽然是和平的、但却是比较激烈的、也是违法的大规模群众运动，以便制造一种危机，制造一种“有建设意义的紧张气氛”，以戏剧化地显示种族歧视等问题，引起社会的广泛注意，他说直接行动的目的就是要创造一种危机状态，以导致谈判之门的必然开启。

写作训练

1. 圣雄甘地认为：“民主只能通过非暴力来挽救，因为民主只要是靠暴力来维持，就不可能为弱者谋利或保护弱者。我所理解的民主是：在这一制度中最弱者应当有和最强者一样的机会。这只能通过非暴力实现。”

你是否赞同他的观点，谈谈你的看法。

2. 马丁·路德·金在《寄自伯明翰监狱的信》中写道：“人们或许会问：‘你们如何能倡导违反某一些法律，又服从另外的一些？’答案便系于这样的事实，即存在着两种法律：公正的法律和不公正的法律。我会第一个倡导服从公正的法律。人不仅有法律责任，也有道德责任，去服从公正的法律。反之，人也有道德责任，去不服从不公正的法律。我会同意圣奥古斯丁的话：‘不公正的法律，就等于无法无天。’”你是否同意他的观点？请就此发表你的看法。

3. 有人认为圣雄甘地的“非暴力”主张过于迂腐，作用有限，查找资料，阅读下列甘地关于非暴力的语录，谈谈你对这种论调的看法。

（1）非暴力抵抗精神的获得，是一种在自我否定和欣赏我们自身内部的隐藏力量的长期训练，它改变一个人的人生观……它是最伟大的力量，因为它是灵魂的最高表现。

（2）原则：

非暴力意味着人可能有的完全的自我纯洁化。

在人们之间，非暴力的力量准确地相应于不使用暴力者可施加暴力的能力，而不是他的意志。

一个不使用暴力者所掌握的力量总是大于假如他使用暴力所拥有的力量。

非暴力决不会被打败。

（3）非暴力（Ahimsa）是生命中唯一真实的力量。

（4）我的一贯经验使我确信，除了真理以外，没有别的上帝。如果这几章的每一页没有向读者宣示实现真理的唯一办法就是非暴力，我就会觉得我写这本书所费的心血全都白费了。即使我在这方面的努力没有收到什么效果,读者也应当明白,过错在于方式而不在于原则。我对非暴力的追求，不论是多么诚挚，究竟还没有达到尽善尽美的地步。因此，我在一瞬间所瞥见的一点真理，很难把它的无法形容的光辉宣泄于万一，这光辉的强烈，实百万倍于我们日常亲眼看见的太阳的光辉。其实我所抓到的只不过是这个伟大的光明的最微弱的一线而已。然而我可以保证说，根据我这一切体验的结果，只有完全实现了非暴力的人，才能完全看到真理。

（5）勇敢在于赴死，而不在于杀戮。

（6）非暴力是一种心灵的性质，不可能通过诉诸大脑获得。

（7）在非暴力的王国中，每一真实的思想都受到尊重，每一真实的声音都有其充分的价值。

（8）在非暴力反抗中，手段和目的是同样正义和纯洁的。

（9）非暴力行为的第一个原则是不参与任何羞辱人的事情。

（10）把生命奉献给自己认为是正当的事情，是非暴力反抗的核心。

（11）非暴力反抗总是优于武装抵抗。……非暴力决不能用于保护一个邪恶的事业。

（12）非暴力反抗成功的必要条件是：非暴力反抗者不应当在心里憎恨其对手；问题必须是真实和实质性的；非暴力反抗者必须准备受苦到底。

（13）非暴力并不是怯懦者的借口，而是勇敢者的最高德性。

……怯懦是与非暴力完全不相容的。非暴力以实行打击的能力为前提。

（14）如果在我们心里有暴力，那么，使用暴力比以非暴力来掩盖虚弱无力要好。无论如何，暴力比虚弱无力更可取。一个暴力者有变为非暴力反抗者的希望，而一个虚弱无力者却没有这样的希望。

（15）非暴力是一个勇者的品质，怯懦与非暴力如水火不相容。

（16）一个非暴力反抗者决不可能逃避危险，不管他是在许多同伴中还是独自一人，只要他是战斗而死的，他就是充分履行了他的职责。

（17）非暴力是世界上最伟大和最积极的力量。一个非暴力反抗者不可能是消极的……一个在其生活中表现了非暴力的人是在使用一种优于所有野蛮力量的力量。

（18）我知道非暴力所取得的开展看来是一种相当缓慢的开展，但经验告诉我它是达到共同目标的最可靠途径。

（19）如果说理智在暴力中起很大作用，那么它在非暴力领域中起着更大的作用。

非暴力反抗的不可动摇的力量在于——受苦且决不报复。

（20）我相信这句话是不朽的真理：由剑得到的亦将因剑失去。

（何怀宏译）